200年
企業
を目指して

会社を永続発展させるために経営者がすべきこと

To make the company permanently develop

税理士法人エナリ
社員税理士・中小企業診断士
江成健一

ダイヤモンド社

はじめに

日本の中小企業の経営者、経営管理者の皆様へ

　私が税理士として仕事を始めたのは1966年、今から50年以上も前のことです。その当時、私が活用できる知識は租税法のみで、経営学は、大学時代に学んだ教科書レベルの知識でした。実際に経営に携わっていない私は、ある疑問にぶつかりました。

　税理士である私に求めることとは、いかに「納税を低額」にするかということでした。

　そのためには、交際費、支払利息はセーブしない。税金にこだわり、そのため、売上や利益も低く抑えたいということでした（図表１）。

　売上や利益が多くなれば、確かに納める税金も増えます。しかし、手元に残るお金も多くなります。次のビジネスのために使うこともできるでしょう。

　投資もできない、存続、発展もできない、本来のビジネスに支障が出てしまうような考え方でよいのか、疑問でした。

　熟慮の結果、私の「使命」とは、適正な納税指導とともに、企業そのものの「存続と発展」を支援することであると考えました。クライアント企業が顧客価値を提供し、その成果と

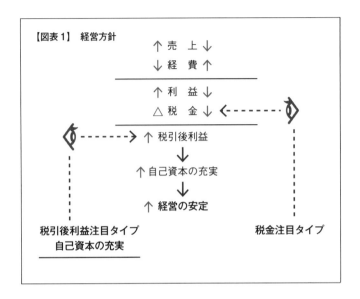

しての売上を上げること、そして、企業を存続と発展させることだと思いました。経営支援により、ともに成長することの重要性を認識しました。

しかし、当時、経営指導する税理士はほとんどおらず、非常に奇異な目を向けられました。間違った節税に応えているうちに、自分も道に迷いかねない気がし、経営学を一から学ぼうと決意しました。

改めて経営学を学び、1991年、中小企業診断士試験に合格し、中小企業診断士事務所を開設しました。経営の知識を身につけていくと、税理士時代にはわからなかったこと、気づかなかったことがわかってきました。

特に経営者には経営の技術のみならず、家訓、経営理念、

ミッション、経営の目的、経営者の職務等の理念、知識、経験が必要である。経営者は経営の専門家であるべきである、ということです。ドラッカーは、「経営者は学び続けなければならない」、と言っています。

中小企業経営者の真の姿も見えてきました。経営者の方の中には、経営者としての経営ではなく、ひたすら"いつもの業務"すなわち、マネジメントではなく「オペレーション」を続けている方が少なくありませんでした。経営者が「経営する」とは何か。

何とかしなければいけない。私はそう強く思い、ビジネススクールを開設しました。そしてテキストとして出会ったのがドラッカー理論でした。

ピーター・F・ドラッカーはオーストリア生まれの社会学者、歴史学者、経済学者と一般に称されますが、自分では「社会生態学者」と位置づけ、マネジメントを体系化し、確立しました。「経営学の父」と呼ばれ、マネジメントの概念を確立して、企業の目的は利益ではなく、「顧客の創造」であると指摘しました。

「利益」を目的とする弊害を教えてくれています。今日、地銀の不祥事も、経営の目的を間違って理解しているからだと思います。その他、検査数値、牛肉の偽装事件など、すべては経営の目的を「利益」としているからです。

現在、多くの企業がドラッカー理論を学び、役立てています。ドラッカーは、経営実践を教えてくれます。

しかし、みなさん、ドラッカーの理論に取り組むべきは大

企業であって、中小企業には関係がないと思っていませんか？　私が50年にわたる仕事の中で強く感じてきたことは、中小企業の経営者こそドラッカーを学ぶべきだということです。中小企業の経営者、経営管理者こそ、自ら経営を学ぶべきなのです。マネジメントを誰も教えてはくれません。

　本文でも触れますが、たとえば、あなたが腕のよい寿司職人だとします。あなたは仕事の「オペレーション」に優れているわけです。しかし、寿司屋を経営していくためには、腕さえあればよいわけではありません。

　店に来る人は何を求めているのか。おいしさなのか、安さなのか、早さなのか……。どこに店があればたくさんのお客様に来ていただけるのか？　店構えは？　サービスは？　雰囲気は？

　お客様を中心に考える「マネジメント」という思想がなければ、店――企業として存続していくことは難しくなります。経営は、「オペレーション」と「マネジメント」との両方があいまって、初めて成功できるといえるでしょう。

　多くの中小企業の経営者の中には「オペレーション」に非常に優れた方がたくさんいます。しかし、「マネジメント」を本気で行おうという方は非常に少ない。いや、「マネジメント」の存在すら知らないのではないか、そう思えてなりません（図表2）。

　現在、日本の中小企業の経営は思わしくありません。

　以前、日本では年間に10万社ほどの企業が倒産や廃業で消滅していました。途方もない数字です。

はじめに

【図表2】 オペレーションとマネジメント

経営とは：例　寿司屋：寿司が握れると寿司屋が経営できるのか

Ⅰ オペレーション（業務フロー）　　Ⅱ マネジメント（組織の成長・発展）
　　　寿司を握る　　　　　　　　　　　経営する

　＋　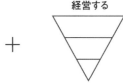

1. 仕入技術
2. 握る技術
3. 接客技術
4. 計算技術

1. 経営の目的：顧客の創造
　　利益を目的としない本質は、
　　目先の利益を追求しないことにある。
　（1）経営の目標：成果
　　　マーケティング、イノベーション
　（2）経営の目標：生産性、
　　　ヒト、モノ、カネ、時間
　（3）経営の目標：社会的責任
　（4）成果測定指標：売上、利益
　（5）利益の機能：判定基準、存続コスト、
　　　成長資源
2. 顧客価値
3. 事業の定義：われわれの事業は何か
4. 経営戦略：われわれの事業は何になるか
5. 競争戦略
6. 撤退戦略：我々の事業は何であるべきか
　　　　　：新しい事業への参入の決定
　　　　　：産業ライフサイクル：衰退期

職人の技　　　　　　　　マネジャーのマネジメント力

　現在はそれほどでもなくなりましたが、それでも年間に8千社を超える会社が倒産し、2万5千社近くが廃業に追い込まれています。毎年3万社を超える会社が消滅しているわけです。

　そしてその多くが中小企業です。

　"起業"という言葉が一般的になったように、生まれる企業

も多くなりました。しかし、倒産・廃業していく企業のほうがより多いのです。

　起業されるが、どんどんなくなる。それが中小企業の実態と言わざるを得ません。

　消滅していく原因は数多くありますが、債務超過ばかりではなく、黒字企業が廃業しています。その要因の一つが「マネジメント」の不存在です。「マネジメント」ができていれば、存続できていた企業は数多くあるのです。多くの企業を悩ませている後継者問題についても、後継者がマネジメントできないので廃業するケースが多いのです。「マネジメント」を後継者に教えることで解決することができるでしょう。

　中小企業の経営者こそ「マネジメント」を学習すべきです。そして、子孫や社員に引き継いでもらいたい。中小企業の置かれている現状を知れば知るほど、私はそう確信するようになりました。

　本書は、私がドラッカーの影響を強く受けたこともあり、企業の存在意義、理念経営、組織社会、知識社会、マネジメント……と、ドラッカー理論に沿った形で話を進めました。しかし、単なるドラッカーの受け売りではなく、私がこれまで50年間、経験してきたことを盛り込んだつもりです。

　たとえば、第2章の「理念経営」では、ドラッカーではおなじみの経営理念、ミッション、ビジョンに触れていきますが、そのまま取り上げるのではなく、わが国の武士道、商人道より「家訓」を取り入れるという見直しをしてみてはどう

かと提案しています。

「家訓」は、同族企業がどうしたら存続できるかを教えてくれます。「家訓」を創設することで、社会に対して何をしてはいけないか、そして会社をいかに社会から認められる存在にできるのか、それが見えてくるでしょう。

ドラッカーが積極的な機会獲得という「陽」であるのに対して、家訓は自己抑制という「陰」である。西洋思想と東洋思想である。

税理士、中小企業診断士として経営支援に当たってきた経験から、会計のノウハウを盛り込んだことも本書の特徴です。

第8章の「企業会計」では、決算書の読み方に始まり、経営の「安全性」「活動性」「収益性」を測る会社の健康診断法に触れています。そこでは毎月の利益やキャッシュフローを算出するための速算法も提案しました。利益や資金量を経営者は、即時に知りたいものだからです。

今月はどれほどの利益が出たのか？　手持ちの資金はいくらあるのか？　経営者ならば気になる数値を簡単に出すことができます。簡単にできるのですが意外に知られておらず、一度使ってみれば非常に有用だと気づいていただけるはずです。毎月の試算表を楽に理解できます。試算表が、待ち遠しくなります。

中小企業は、日々、人々の生活に直結した商品やサービスを扱っていることが多く、我々の生活基盤を支えている存在と言っても過言ではありません。中小企業が消滅すれば、そ

れは、即、我々の生活に支障が出ることを意味します。中小企業なくしてわれわれの生活は成り立たず、中小企業の再生なくして日本経済の復活はあり得ません。

現に今、地方へ行けば、厳しい現実を目の当たりにせざるを得ません。食料を買える店がなくなってしまった。トイレットペーパーひとつ買うにも、1時間かけて遠くの店にまで行かなければならない……。

ごく普通の生活を送ることすら難しくなっている地域が増えているのです。会社を存続させるということは、地域の生活を守ることにほかなりません。

私が経営する税理士法人エナリでは、"200年組織創造"をミッションとして掲げました。100年企業という言葉はありますが、中小企業はそれ以上、200年、300年、500年存続していただきたいとの強い思いからです。

あなたの会社が200年企業になることができれば、地域に多くの貢献ができるでしょう。社内に多くの専門家が育ち、本業ばかりでなく、多くの面から地域の生活を豊かにすることができるに違いありません。200年企業は夢物語ではありません。実現可能な目標です。自社企業を永続企業とするため「マネジメント」を学びましょう。

最後になりましたが、再三触れてきたように、私はこれまで経営を経験し、経営学を学び続け、中でもドラッカーには多大な影響を受けました。そのほか、マイケル・ポーターからは競争の本質を、キャプラン、ノートンからは経営におけ

る経営戦略の策定と実行について教えていただきました。

　本書の構成をはじめ、各要素にはドラッカーのエキスがちりばめられています。みなさんも本書を読むことをきっかけに、ドラッカーやほかの経営学者にもぜひ興味を持っていただければと思います。

　「マネジメント」を学べば、必ずそれを実践したくなります。実践で成果が出れば、また、学びたくなります。理論を学び、実践して、成功し、モチベーションアップし再び学ぶ。私は、そのことを成功体験循環サイクルと言っています。成功体験循環サイクルを回し続けましょう。

　生涯「マネジメント」を学び続けることで、経営の質は確実に上がっていきます。完全なる経営者を目指し、自社の「存続と発展」と日本経済を復活させる牽引者となりましょう。

　経営者は、オペレーション（現業、業務フロー）に流されず、立ち止まってマネジメント（経営する）を考える時間をつくる必要があります。本書をテキストにし、マネジメントを広げ、深めてください。

平成30年6月吉日

江成　健一

※ドラッカー、ポーター、キャプラン、ノートンについての理解や考えは、あくまでも私見です。

200年企業を目指して

Contents
目次

はじめに ………………………………………………………………………………… 3

1章

組織社会
～企業は、組織社会の中で生かされている～ ……………… 19

1 多種多様な組織が集まり分業すれば、
社会は豊かになる ……………………………………………… 20

2 株式会社の仕組みが社会をより豊かにした ………………… 22

3 転換期を迎えた"豊かな時代" ……………………………… 24

4 ドラッカー曰く企業の目的は「顧客を創造すること」………… 26

5 非顧客の存在理由を問い続けよ ……………………………… 29

2章

企業を存続・成長させる「理念経営」 ……………… 33

1 理念経営が企業の役割を明確にする ………………………… 34

2 家訓もまた、理念経営を可能にするものである ……………… 36

3 家訓には、
企業の存続のための教訓と原則が多数含まれる ……………… 38

4 理念を鮮明に打ち出せば、
企業は組織社会から認められる存在になれる ………………… 41

5 老舗には、必ず家訓という経営思想がある ……………… 44

6 価値前提経営を可能にする経営方針の立て方………… 47

7 家訓、経営理念を実現する人材を育成せよ …………… 50

8 理念経営の実現には強力なリーダーシップも不可欠 …… 53

9 売価設定、原価計算、生産性、利益率などの
経営数値にも強くあれ ………………………………… 56

10 長期的、首尾一貫した視野で人材育成を …………… 59

3章

知識社会
～経営者はいつまでも学び続けることが必要～ ……… 63

1 ドラッカー曰く「現代は、知識を重視し、
生産手段とする、知識社会である」…………………… 64

2 知識を生産手段とする人たちが知識労働者である……… 67

3 「学習する組織」で抜本的な変貌を …………………… 70

4 「学習する組織」であるためには、まず自立を …………… 73

4章

マネジメント
～組織が存続、発展するために必要なスキル～ ……… 77

1 組織社会を機能させるのがマネジメント……………… 78

2 継続と変革という相克するものを
両立させるのがマネジメント………………………… 81

3 ドラッカー曰く「経営者は学び続けなければならない」…… 84

4 マネジメントの3つの役割 …………………………… 87

5 マネジメントの3つの機能 …………………………… 90

5章

経営者
～経営者が身につけるべき能力とは～ ……… 93

1 経営者は、経営を学ばなければならない ……… 94

2 経営者が備えるべき理論が経営学である ……… 97

3 人は働くことで自己実現できる ……… 101

4 マネジメントで成功体験循環サイクルを描け ……… 103

5 リーダーシップの成功はフォロワーしだい ……… 106

6 適切なコミュニケーションが社員の行動を促す ……… 110

7 成功する成功体験循環サイクルの作り方 ……… 114

8 「勉強」ではなく、「学ぶ」を継続すること ……… 118

9 経営者の11の役割 ……… 121

10 強いモチベーションは目標から生まれる ……… 125

11 多様なモチベーション理論を学び、適切な応用を ……… 129

12 目標管理のための10箇条 ……… 135

13 組織全体で整合性のある目標設定を ……… 142

14 チェンジリーダーとなれ ……… 146

15 「会社の寿命は30年」とは？ ……… 149

6章

経営戦略および競争戦略
～戦略を練り、実行する～ ……… 153

1 同業他社ばかり見るのではなく、
5つの競争要因に着目せよ ……… 154

2 優位に立つ方法は2つ。差別化か低コスト化か ……… 157

3 ライフサイクルに応じた戦略策定を ……… 159

4 常に「事業は何であるべきか」を問い直すことで
企業は永続できる……………………………………………… 161

5 競争を正しく理解して勝つ ………………………………… 165

6 優れた戦略を作り出す5つの条件 ……………………… 169

7 競争に勝つための4つのステップ ……………………… 173

8 差別化実現のため自社のバリュー・チェーンの把握を…… 177

9 BSC（バランススコアカード）で差別化の実現を ………… 181

10 「高品質化」による差別化には限界がある……………… 185

11 独自性を打ち出すフォーカスとポジショニング ………… 189

12 3つの戦略的ポジショニング構築法 ……………………… 193

7章

組織構造
～組織力を高めるために～ ………………………………………… 197

1 よい組織を作るための11の指標 ………………………… 198

8章

企業会計
～企業の真の姿を把握する～ …………………………………… 205

1 決算書を読むための事前知識 …………………………… 206

2 経営分析は会社の体力測定、健康診断 ……………… 212

3 経営者のためのキャッシュフロー速算法 ……………… 219

4 経営者のためのキャッシュフロー ……………………… 223

5 経営者のための月次損益速算法……………………… 226

9章

企業文化
～意識して作ることの大切さ～ 231

1 好ましい企業文化を醸成するために 232

10章

成 果
～顧客をいかによく変化させ導くか～ 239

1 成果の真の意味を知り、測定を 240

11章

失敗の経営
～経営者も失敗する～ 245

1 経営破綻の要因 246

12章

マネジメント監査
～マネジメントを本来の姿に～ 251

1 マネジメント監査で事業定義を見直す 252

13章

継続（経営改善）・変革
～企業をよみがえらせる～ 255

1 まずは経営成熟度診断で自社の現状を知る 256

2 経営力アップに大きな効果、経営計画発表会 260

3 月次経営検討会で常に経営のチェックを ┄┄┄┄┄┄┄┄ 266

4 トップマネジメントに必要な4種の姿勢 ┄┄┄┄┄┄┄┄ 271

5 経営チーム育成のために ┄┄┄┄┄┄┄┄┄┄┄┄┄┄┄┄┄ 274

6 ミドルマネジメントにも教育を ┄┄┄┄┄┄┄┄┄┄┄┄┄ 279

7 全社的にマネジメントスクールで教育を ┄┄┄┄┄┄┄ 285

8 「3分間スピーチ」と「気づきシート」が
　　経営者に自信をもたらす ┄┄┄┄┄┄┄┄┄┄┄┄┄┄┄┄ 288

9 経営戦略会議3.0で、長期的成果を ┄┄┄┄┄┄┄┄┄┄ 292

10 安定経営するために。
　　農業的経営と工業的経営の併存を ┄┄┄┄┄┄┄┄┄┄ 296

おわりに ┄┄┄┄┄┄┄┄┄┄┄┄┄┄┄┄┄┄┄┄┄┄┄┄┄┄┄┄┄┄┄┄┄ 299

図表1　経営方針　4
図表2　オペレーションとマネジメント　7
図表3　経営者が学ばなければならないこと　100
図表4　目標管理　128
図表5　欲求の階層　131
図表6　個人の目標から全社共通の目標へ　137
図表7　OOMCとPDCA　145
図表8　事業定義と戦略計画　164
図表9　BSCによる経営戦略策定　180
図表10　価値連鎖における代表的な差別化源泉　184
図表11　決算書を読む　210
図表12　経営分析　218
図表13　損益分岐点　229
図表14　基本的な倒産要因（一次要因）　249
図表15　経営計画発表会スケジュールのプロセス　265
図表16　経営戦略会議ー全員経営、目標共有、マネジメント共有のために　295

1章

組織社会

～企業は、組織社会の中で
生かされている～

組織社会

1

多種多様な組織が集まり分業すれば、社会は豊かになる

多種多様な組織が
それぞれの専門を追求して分業すれば、
社会は豊かになる。
それが組織社会である。
企業の存在は、社会にとって善である。

ドラッカーによると、組織社会とは、社会が組織化されているということを指しているのではなく、多種多様な組織が集まり、社会を構成していることを意味すると言う。それではなぜ多種多様な組織が社会を構成することになったのか。

イギリスの経済学者、アダム・スミスは、1776年、『国富論』をグラスゴーで発表した。そこでピン工場を例にあげ、1人の職人がピンを初めから完成まで製造するよりも、何人かの職人が作業を分担してピンを製造したほうが効率的であると述べている。

分業をすることにより、企業の生産性は上がる。企業という組織の中において、多種多様な職務が成立していったのである。

分業により生産性が上がるのは、社会全体も同様である。

1人で山に行き、動物を狩り、皮を剥ぎ、肉を食し、皮は衣服や履物にする。そのような自給自足の経済を続けていても、人々の暮らしはいつまでも変わらないだろう。だが、それぞれの人が何らかの特化した職業を持ち、分担していけば地域全体の生産性を上げることができる。企業もまたそれぞれが専門分野を受け持ち、各分野で能力を発揮すれば、企業の生産性は向上し、社会全体の生産性は向上する。

専門化した多種多様な企業が集まる社会——組織社会こそ、世の中を豊かにするのである。企業の存在は、社会にとっては善である。企業の永続性を望む、はこのためである。

組織社会

2

株式会社の仕組みが社会をより豊かにした

産業革命後も、
法的整備による株式会社の設立や
大量生産方式などで、
社会は豊かになり続けてきた。

1776年、イギリスの発明家、ジェームス・ワットが蒸気機関を改良し、時代は産業革命へと突入した。

　だが、産業革命は、単に動力の改良などの工業面だけが大きく発展したわけではない。一次産業に属していた多くの人々が、二次産業に従事するようになった。繊維工業、炭鉱業、鉄鋼工業、陸上交通、海上交通など広範囲に諸産業全体に影響を及ぼしたのである。産業革命といわれる所以である。

　さらに社会全体が発展していくためには、法的な整備も必要だった。イギリスではその後、組合法理から会社法による株式会社という法人が制度化された。

　個人事業や組合による事業では、集められる資金は限られていた。また事業が失敗した場合、無限連帯責任となり、思い切った投資はできなかった。

　だが、会社という組織ならば少額単位で、有限責任による株式制度により資本を集めやすく、大規模な投資が可能になる。大きな工場を作れば生産量は飛躍的に増大する。資本規模の大きな株式会社の誕生により、経済そのものが大きく動いていくことになった。それまでの個人事業や組合による事業よりも、株式会社という法人がもたらした事業は、桁違いに大きくなっていったのだ。

　職業は多様化してより分業が進み、企業もまた専門化していった。分業は株式会社という組織によって大規模に展開されることになり、社会全体が豊かになっていったのである。

　株式会社制度もまた、経済を活発化させるひとつの大きな発明だったことがわかる。イギリス人の知恵である。

組織社会

3

転換期を迎えた"豊かな時代"

18世紀の産業革命以来、
豊かになり続けてきた社会だが、
人口減少の時代に入った現在、
その状況は大きく変わりつつある。

現在、組織と呼ばれているものには企業をはじめ、学校、病院、寺院、教会、国、地方公共団体などあらゆるものが揃っている。だが、その中でも特に経済的価値を生産し、創造する企業は、時間の経過とともに大きな進化を遂げてきた。

20世紀に入ってからも、たとえば自動車産業では大量生産方式という人類史上初の生産性革命をもたらした。それによって人類の経済的厚生は高められ、現在の一般の人を見ても、産業革命前の領主よりも、また日本でいえば江戸時代の大名よりも、より豊かな生活を送っている。

企業に代表されるあらゆる組織の進化によって、社会全体が豊かになり続けてきたのである。

このように18世紀に産業革命が起きて以降、現在までの200年以上、世界の経済は発展し続けてきた。

だが、その流れも21世紀に入ってからは大きく変わりつつある。

日本では少子高齢化が進み、人口はついにピークに達し、現在は減少の時代へと突入している。経済全体が縮小傾向にあり、毎年、倒産したり廃業したりする企業が多数現れるようになった。

企業という価値を創造する組織そのものが減少し、国民にとって経済的利便性が低下するという、かつては考えられなかった危機を迎えている。そして、グローバル化の進展は、ますます世界への進出を可能とするが、世界からの進出を受けることにより、経営の厳しさは増している。

組織社会

4

ドラッカー曰く 企業の目的は 「顧客を創造すること」

企業の目的は、
売上や利益ではない。
顧客を創造し、
組織社会に貢献することである。

企業とは、顧客、市場のニーズを充足するために、組織社会の中で生産機能を担当する組織のことである。その成果として求められるのは、顧客、市場の要求するものを生産し、売上を上げ、生産性を高めて利益を得ることである。つまり企業は、事業の成果として、売上高や利益によって評価される。

だが、企業は、独自に生きているのではない。組織社会により生かされている。本来、企業とは、組織社会に貢献しているか、組織社会のためになっているかどうか、つまり、組織社会に存在価値を発揮しているかどうかで評価されるべきだろう。具体的に言えば、自社の顧客に対して本当に求められている価値を提供しているかどうか。売上、利益が十分あれば、その企業にとって組織社会へ貢献している証になる。

適切に組織社会へ貢献しているのであれば、常に顧客の立場に立ち、顧客価値を考え、顧客価値を提供していることである。その成果として売上高は上がり、生産性を向上させることにより利益が得られる。

ドラッカーは、企業の目的は、「顧客を創造すること」と言った。企業にとって売上、利益が不要という意味ではない。売上、利益は必要であるが、それが企業の本来の目的ではない。顧客を明確にし、顧客のニーズを充足することにより、顧客価値を実現し、成果として売上、利益を得ると言いたかったのだ。

家訓、経営理念、ミッション、ビジョン、顧客価値の実現によって独自の顧客価値を作り、提供する。その結果、売上、

利益を得る。売上とは、マーケティングとイノベーションにより実現する。実現した成果を、生産性を上げ無駄を排除し、利益とする。売上、利益とは、企業が経営資源を活用し、顧客が求める顧客価値を実現したかどうか、そして、生産性を上げたかどうか、その評価の指標なのである。

　最近、優良地銀と評価されていた地銀が、経営の目的を、おそらく「利益」であると誤認し、顧客の財務数字まで改ざんするという不祥事があったが、利益を目的とすることに、その原因はあったといえる。企業の目的を再考する時である。

組織社会

5

非顧客の
存在理由を問い続けよ

ドラッカーによると、
顧客と非顧客とが存在する。
非顧客が存在する理由を
絶えず問い続けることで、
企業は真の顧客価値を
提供し続けることができる。

ドラッカーによると、顧客と非顧客とが存在する。

　企業側から顧客というものを考えて見よう。企業が顧客を選別管理する手法にR.S.T.Pがある。Research（市場分析）、Segmentation（セグメント）、Targeting（ターゲット）、Positioning（ポジショニング）である。

　社会にどのようなニーズがあるのかリサーチをする。ニーズがあるにも関わらず、現段階でそれを満たす商品やサービスが存在していないのであれば、それがミッションとなるだろう。

　次に、ニーズの充足を期待する顧客集団がどのくらいの規模、存在するのか量を推定する。男女、年齢、ライフスタイルによりセグメントする。

　セグメントした顧客集団の中でも、特にどこを自社の顧客とするのか、ターゲットを絞り込む。

　絞り込んだ顧客とする集団のどのような特色をとらえ、自社の商品やサービスを位置づけるか、高級品を好むか、大衆品を好むかにより、ポジショニングする。真の顧客を選定することになる。

　問題となるのは、企業にとってはR.S.T.P.により自社の顧客を選んだとしても、非顧客のままである人たちが依然、存在することだ。自社の商品やサービスを買ってほしいのに、そうではない人たちがいる。

　なぜ、非顧客は非顧客のままなのか。その人たちにとって、その企業の商品やサービスは、まだまだ顧客価値を満たしていないのである。

顧客の側から、その企業の商品やサービスを選別する基準を考えてみよう。

たとえば、飲食業を例にとれば、「早い、安い、旨い」という顧客価値に対応した商品、サービス価格、品質を提供しているかどうかが問われるだろう。また、流通業を例にとれば、店舗などの販売の拠点が購買しやすい立地にあるかどうかも、顧客になり得るかどうかの分かれ道になる。

商品やサービスに価値があるのと同じぐらい、購買しやすいことそのものに重要な顧客価値がある。この要因は意外に大きい。

顧客価値を満たせば、顧客はその商品やサービスを選ぶ。満たさなければ選ばない。

顧客価値を満たすために行うのがマーケティングであり、イノベーションである。

世の中には実に多様なニーズが存在する。男女の性別、年齢別、地域、ライフスタイル、所得の高低などにより、購買スタイルは大きく変わる。また、それらのニーズは決して固定されたものでなく、時間とともに絶えず変化し続けている。

企業はマーケティングとイノベーションを絶えず続け、自社の商品やサービスが顧客価値を満たしているかどうかを問い続ける必要がある。

自社の既存の商品やサービスばかりにとらわれていれば、社会のニーズに気づかない。企業側の想定だけでは、顧客が求めるものとミスマッチになっているケースはあまりにも多い。

非顧客の存在を意識し、それが存在している理由を問い続けることこそ、企業の使命である。

　企業の経済的成果は、顧客価値を顧客に提供することにより実現する。企業の基本的理念は、顧客本位でなければならない。

　現在の自社の商品やサービスを提供する顧客とは違う外部に注目する必要がある。さらなる成果を求めるならば、ノンカスタマーの世界に目を向けるべきだろう。

2章

企業を存続・成長させる
「理念経営」

理念経営

1

理念経営が企業の役割を明確にする

家訓、経営理念、ミッション、
ビジョンによって、
企業は組織社会での存在価値が認められ、
組織社会の一員として
役割を果たすことができる。

現在の社会は、組織社会である。組織社会とは、企業、学校、国、地方公共団体、教会、寺院、病院などの営利組織・非営利組織によって、構成されている社会のことを指す。

組織社会の中でも大多数を占めるのが企業である。現代はあらゆる業種、業態の企業が揃い、その規模も大企業から中小・零細企業まで広範囲に及んでいる。

現実に企業が存続するためには、家訓、経営理念、ミッション、ビジョンを定め、企業がいかに組織社会に貢献していくのかを明確にしなければならない。企業は組織社会の一員であり、組織社会に貢献することにより存在価値が認められ、存続することが可能になるためだ。

家訓とは、自らの組織が永遠に存続するためにすべきこと、してはならないことを子孫に遺した言葉である。

経営理念とは、企業が組織社会に対して、よりよい商品、サービスを生産し、社会をよりよくしたいという思いを形にしたものである。一念発起して企業を立ち上げた創業者の思いが込められている。

また、ミッションとは経営行動を指す。組織社会の中でニーズがあり、顧客がいるにも関わらず、誰も対応せず欠落している場合、企業はこのニーズの充足のために行動する。

ビジョンとは、ミッションを実現した後の社会をいう。実現後の具体的なよい状態である。ミッションを実現した後の世界がイメージできるので、ミッションとビジョンは、一対として考えることがミッションの実現性を高める。

理念経営

2

家訓もまた、理念経営を可能にするものである

家訓には、遵法精神をはじめ、
正直、勤倹、優秀な人材の登用、
本家、分家制度などを内容とするものが多い。
現代の企業にとって十分に活用可能な
内容が含まれている。

家訓とは、家が数百年にわたって存続していくため社会といかに向き合っていくべきか、当主が記したものである。

　経営理念、ミッション、ビジョンは、組織社会にどう貢献するか、いかに存在価値を認めてもらうか、そのために定めたものであり、企業の存在価値を積極的に組織社会に表明することを目的にしている。

　それに対し、家訓とは、たとえば組織社会にどうしたら迷惑をかけないかという控えめに理念を語る内容が多く、どちらかというと内面的な対応により、組織の存続を図ろうというものである。

　家訓として定められている内容の中で代表的なものは、まずは法律を守る、すなわち遵法の精神を謳ったものである。

　また、組織を機能させるため正直であること、さらに勤倹、つまり、一生懸命働き、無駄をしないことを強調したものが多い。また、優秀な人材を登用すること、そして、本家・分家制度を採用して家を存続させていこうという意志を示したものもよく見られる。

　これら（ⅰ）遵法精神、（ⅱ）正直、（ⅲ）勤倹、（ⅳ）優秀な人材の登用、（ⅴ）本家・分家制度は、古くは公家や武家、さらにそれらを見習った商家などにとっては非常に実用的なものだった。そのため今日まで受け継がれてきたわけだが、現代の企業にとってもそのまま活用できる内容は多い。

理念経営

3

家訓には、企業の存続のための教訓と原則が多数含まれる

家訓の精神に則って経営を行えば
企業は永続し、逆に軽んずれば、
企業の存続は危うくなる。

家の存続のための規範を謳った家訓は、現代社会においても企業にとって十分に活用可能である。

まず多くの家訓に語られている遵法の精神が、現代社会にとって非常に重要なことは、言うまでもないことだろう。

この精神を見失い、不正不法行為に手を染めた結果、破滅していった企業の数は計り知れない。乳業メーカーの例を見るまでもなく、信用を失ったことで顧客はもちろん、取引先や株主、従業員から見放され、多くの企業が倒産や廃業に追い込まれてきた。最近のニュースを振り返っても、電機メーカーの不正会計をはじめ、製品の品質偽装や腐敗した食品の供給など、枚挙にいとまがないほどである。

「正直」さも同様である。

かつて領主が土地を支配していた時代、不誠実な領主は家臣や領民から嫌われ、家の存続が危ぶまれた。しかし、正直でなければ領民から信頼を得られないことを知っている領主もいた。現代の企業においても、経営者の誠実さが疑われるようなことがあれば、顧客からはそっぽを向かれ、取引先からは距離を置かれ、内部でも社員たちはお互いに誰も信じなくなる。

疑心暗鬼によって組織は機能しなくなり、やはり、倒産や廃業に追い込まれてしまう。いつの時代であっても、「組織とは人間主体のものである」ことを肝に銘じておくべきだろう。

一生懸命に働き（勤）、経営資源であるヒト、モノ、カネ、時間を無駄にしない（倹）すなわち「勤倹」もまた、現代の

企業で働く社員たちのあるべき姿を端的に表している。

　また、昔から「組織は人なり」と言われるように、組織にとって人材が最も重要なものであり、「優秀な人材の登用」が、組織の将来の存続を決めると言っても過言ではない。

　「本家・分家制度」については、たとえば江戸時代の徳川家は、尾張、水戸、紀伊という御三家を生み出し存続、繁栄を果たした。

　現代の企業においても同じような制度によって人的な承継がスムーズになされ、組織が存続されていく例は多い。今もなお優れた仕組みなのである。

理念経営

4

理念を鮮明に打ち出せば、企業は組織社会から認められる存在になれる

経営理念に沿った
価値前提経営を行ってこそ、
企業は組織社会から
認められ、選択され、
存続・発展することができる。

大きく分けて経営には、事実前提経営と、価値前提経営の2つがある。

　事実前提経営とは、経営を行う際に、成果としての売上、利益を直接目標とする。経営に理念はなく、何が何でも売上や利益という成果を追い求める。

　一方、価値前提経営とは、経営理念やミッション、ビジョン、そして家訓に基づき、経営し、その結果として、売上、利益を成果とする。経営理念、ミッション、ビジョン、家訓を実現することが事業活動の目的であり、そのために顧客へ顧客価値として商品やサービスを提供し、その結果、売上や利益がついてくると考える。

　かつて牛乳を作っていたあるメーカーが、腐敗した牛乳を販売するという事件があった。どのようなことをしてでも売上を上げるという事実前提経営の結果であると言えるだろう。

　もし、このメーカーが、人々の「健康」のために牛乳を販売するという理念を掲げる価値前提経営を行っていれば、腐敗した牛乳を売るようなことはしなかっただろう。品質検査にも力を入れ、そもそも牛乳を腐らせることもなかったに違いない。

　組織社会では、各々の組織が分業をすることで複雑化し、高度化した。多種多様な業種や業態が生まれ、各業種・業態の中で規模の違う企業がいくつも並存することになった。その結果、組織同士の競合が生じ、競争により組織の高度化がさらに進展することになった。

　今も組織社会における組織間の競合は、ますます激化して

いる。この競合状況の中で、企業が存続・発展していくためには、それぞれの組織が理念を明確にし、アイデンティティを鮮明にする必要がある。

組織社会では、社会を構成するそれぞれの組織は、存続するためには組織社会への貢献が求められる。企業の旗幟を鮮明にして存在価値を明確にアピールすることができれば、組織社会から選択され、認められる存在となることができる。

そのような企業は顧客のニーズに基づく、あるいは顧客にとって価値のある商品やサービスを提供することができ、組織社会において存在価値を示すことができる。経営理念を鮮明にすることで、組織社会から選択されるわけである。

だが、自社の価値やアイデンティティを明確にすることなく、ひたすら競争のみに囚われれば、価格競争に陥り、無理がたたって不正や腐敗にも手を染めてしまうだろう。結果的に組織社会から見放され、企業の存続そのものを危うくしてしまうことになる。

理念経営

5

老舗には、必ず
家訓という
経営思想がある

商品を作る心構え、
お客様との接し方、
そして人としての生き方……。
商売の哲学、「家訓」は、
現代企業にそのまま応用が可能だ。

家訓を守りながら時には100年を超える年月、経営を続けているのが老舗と言われる企業だ。家訓を大切にする経営は、理念経営に沿った経営のひとつである。

　江戸時代の文政元年（1818年）に日本橋で創業し、現在も全国に和菓子を届けているのが株式会社榮太樓總本鋪だ。社長・会長として経営に携わり、現在は相談役を務める細田安兵衛氏は、かつて新聞のインタビューで、「のれん」を守ってこられたのは、ひとつは、秘伝の味や製法を受け継ぐという技術的な側面とともに、もうひとつ、先祖代々の心の教えを大切にしてきたことをあげている。教えとは、榮太樓總本鋪がかかげる「味は親切にあり」という社是、すなわち「家訓」である。

　人を思う心で菓子を作り、心の豊かさを届ける、という精神を、「味は親切にあり」という言葉によって代々受け継ぎ、原料には吟味を重ね、製法にこだわり、おいしさと品質を第一に菓子作りに励んできたのである。

　その精神を守り続けてきたことで、200年もの間、人々から高い支持を受けてきたと言ってもよい。

　家訓とは、このようにどのような心構えで商品を作るのか、お客様と日々どのような気持ちで接するかを謳ったものが多い。商売のための哲学とも言える言葉であり、歴史を持つ店や企業では必ず存在する「商いの宝」とも言える言葉である。

　それがあったがゆえに社会に受け入れられ、繁栄を遂げることができた。言葉として記されていなくとも、口頭で伝えられてきたものも多い。

楊枝のさるやの家訓は「細くとも長く続けること」である。その言葉通り、同社は日本で唯一の楊枝専門店として300年の歴史を持つ。うちわ・扇子の伊場仙の家訓は「誠実に生き、多くの人に貢献する」。また、江戸前佃煮の海老屋総本舗の家訓は、「ハイという素直な心。すみませんという反省の心。お蔭様でという謙虚な心。私がしますという奉仕の心。ありがとうという感謝の心」というものだ。いずれも人としての生き方に言及するものである。

　このように老舗では家訓や「商いの心得」を、教訓を重ねた大きな財産として引き継いできたのである。

　戦後、社会は大きく変化し、消費者の嗜好は一気に洋風化した。日本の伝統食や和菓子を扱う企業にとってはたいへんな価値観の転換だったはずだが、いずれの老舗もデパートへ積極的に出店したり、最近では、若い後継者が積極的にインターネット販売に乗り出すなど、柔軟に対応して、見事にその価値を伝え続けている。

　いずれの老舗でも共通するのが、一人ひとりの顧客と向き合う対面販売を基本とする姿勢だ。そこに、「ものづくり」の心や感謝の心を込めているのである。

　わが国に、100年企業、200年企業、300年企業などが多いのは、有形、無形の家訓があるからではないかと推測される。

理念経営

6

価値前提経営を可能にする経営方針の立て方

マーケティングにより、
集中すべき分野を定め、市場価値を明確にし、
イノベーションを永続企業の核心と意識、
顧客第一主義に徹する経営方針を
立てることができれば、
価値前提経営が可能になる。

事実前提経営と価値前提経営との違いについては、すでに触れてきた。

　事実前提経営では、事業を経営する際にその時点で一生懸命努力することによってベストの経営成果が実現すると考える。その都度、全力を尽くすのである。

　一方、価値前提経営では、家訓、経営理念、ミッション、ビジョン、顧客価値、経営方針などをまず決め、次に、行動指針を決め経営する。こちらは、事前に考慮すべきフレームワークを考え、その範囲の中で最善の行動をする。

　事実前提経営のように、何の方針も基準も制約もなく、顧客価値も考えず、ただ一生懸命働けば成果が得られる経営と、価値前提経営のように、家訓や経営理念、ミッション、ビジョン、顧客価値の実現という理念のもと経営するのでは、経営行動と経営成果の質はまるで異なってくる。言うまでもなく、すべての企業が価値前提経営を行うべきである。

　それでは、家訓や経営理念、ミッション、ビジョンに基づく経営方針をいかに策定すればよいのか。

　経営方針の前提となるべき要因を検討すると、家訓、経営理念、ミッション、ビジョンのほかに、経営環境分析、特に競合関係分析を5Fの視点で行うことが必要になる。

　5Fとはマイケル・ポーターが提唱した5フォース分析のことで、1．業界への新規参入の脅威、2．顧客にとっての代替製品の脅威、3．売り手(供給業者)の交渉力、4．買い手(顧客)の交渉力、5．既存業者間の自社との競合、の「5つの力」を想定した競争戦略の要因分析である。

この５Ｆ分析により、「その業界がどういう構造を持っているのか？」「その業界は、どの程度儲かるのか？」「競争環境は厳しいか？」などを具体的に知ることができる。そして、その企業の事業戦略を考える上での競争要因を網羅的に把握でき、脅威のファクターを抽出できるようになる。

また経営方針を立てる時は、マーケティングにより集中すべき分野と市場地位を明確にし、イノベーションこそ永続企業となるための核心であることを意識する必要がある。また、顧客第一主義は、顧客満足を実現するためには、絶対に必要な理念であり、コンプライアンスは、組織を永続させるための絶対要件である、ということを肝に銘じるべきだろう。

差別的優位性を確保できれば、価格競争に巻き込まれることはない。量的成長、または質的成長を目指すことができる。売上、利益はそれ自体が目的ではなく、顧客価値を実現することにより、成果を実現し、生産性を高め、その結果として得られるものと理解すべきだ。好ましい社風や労働観、職業観を企業内に浸透させることができれば、社員やスタッフは間違いなく成長する。

これらの事項を意識しつつ、事前に念入りに検討した上で年度ごとに経営方針を立て、経営計画発表会を全社員で実現することにより、価値前提経営が可能になる。そして、何の前提もなく、その都度の思いつきに基づく事実前提経営とは全く異なる経営成果を得ることができ、経営体質を進化させることができるのである。

理念経営

7

家訓、経営理念を実現する人材を育成せよ

家訓、経営理念、ミッション、
ビジョン実現のために必要になるのが
人材の育成だ。
真摯さと、どんな状況でも
やり遂げる意欲を持つトップマネジメントを
育てなければならない。

企業の家訓や経営理念、ミッション、ビジョン、顧客価値を実現していくのがヒト（人）である。「ヒトこそ資産」である。

　経営資源にはヒト、モノ、カネ、そして情報があげられるが、その中でも最も重要なのもまたヒトである。ほかの３つの資源を用いて、構想力や先見力を発揮しながら現実の経営に携わっていく。変化する環境へ本源的な対応が可能になるのも、能力を持つヒトがいればこそだ。

　企業を真に支えていくためには人材が不可欠であり、そのような人材を意図的に育成する必要がある。

　企業のミッション、ビジョン、顧客価値を実現できる人材像を理念化したものが労務理念である。労務理念を明確にすれば、人材の採用時にはその基準を明確にすることができ、入社後の育成の方針もはっきりとする。

　また、人事制度を構築する際にも労務理念が基本となる。企業の家訓、経営理念、ミッション、ビジョン、顧客価値を実現するためのより望ましい制度を作ることが基本である。

　求められる人材像の具体的な姿は企業ごとに異なるが、共通したものはある。その企業のトップマネジメントのあり方が、その企業が求める人物像そのものである。

　トップマネジメントとなる人材に求められるのは、まずはトータルな行動力だろう。

　トップマネジメントには、家訓、経営理念、ミッション、ビジョン、顧客価値の実現のためのマイルストーンとなる経営戦略を策定できる能力を持つことが求められる。さらに、

その経営戦略を着実に実行できることが求められる。

ドラッカーは、経営者に必須の資質として「真摯さ」をあげている。「真摯さ」とは、ことに当たって誠実さを常に維持し、とことんやり抜く姿勢のことだ。ドラッカーは、「真摯さ」は後から作られるものではなく天賦のものであるとも言っている。

また、アメリカの実業家であるハロルド・ジェニーンは、「経営者は経営しなければならない」と、一度決めたら何があってもやり遂げる資質が経営者には不可欠であると言い切っている。できないことの言い訳をせず、何としてもやり遂げる意欲と能力を保有している人である。

組織社会の中で企業が「存続と発展」をするためには、「経営環境の変化対応力」と「顧客価値実現力」も必要になる。

さらに、今日においては、チェンジリーダーとして組織を取り巻く経営環境の変化をいち早く察知し、変化の先頭に立つか、それへの対応ができる、先の先まで読んだ洞察力と顧客を常に意識し、顧客価値を実現する細かな配慮のできる人材が望ましい。

また、企業や取り巻く環境全体を大所・高所の視点で、つまりタカの眼で俯瞰し、かつ、将来に対する見通しのできる人材が望まれる。

理念経営

8

理念経営の実現には強力なリーダーシップも不可欠

理念経営には、
組織を目標へ導く
高いコミュニケーション能力を持ち、
社会のニーズを探り出し、
形にしていく強力なリーダーシップが
求められる。

家訓、経営理念、ミッション、ビジョン、顧客価値を実現していくためには組織を作り、社員たちを動機づけ、そのために適切なコミュニケーションがとれる必要がある。

　その時に問われるのがリーダーシップだ。企業はヒトの集まりである。企業が組織として成り立つためには、内部の組織をまとめ、組織が統率のとれた行動をしなければならない。そのために発揮されるのがリーダーシップである。

　優れたリーダーは部下の能力を発見し強みを生かす。能力のレベルを評価し、部下の能力に合わせてコミュニケーションをとる。何が弱みで、何を備えれば強みを社会に発揮できる人材になれるのかを見極める。また、優れたリーダーは、組織が統率力を持って一丸となって進めるよう、上司や部下との間で適切なコミュニケーションをとる力を持つ。

　特に、企業が大きな環境変化に対応しながら目標に向かう時には、強力なリーダーシップ力が求められる。

　リーダーには、マーケティングやイノベーションの力も必要だ。ドラッカーが言うように、マーケティングとイノベーションによって企業は成果を生み出すことができ、組織社会からその存在を認められる。

　マーケティングは販売とは異なる。徹底的に顧客を注視し、調査し、その結果、ターゲットである顧客のニーズをはじめ、不平や不満、そして困っていることを見つけ出し、顧客価値を実現することである。

　そのためには、ターゲットとなる顧客から細心の気配りによって本当に何が必要かをヒヤリングし、抽出しなければな

らない。自己中心ではなく、常に相手のことを考え、配慮する姿勢が不可欠だ。利他の心のある人が求められる。

　また、そのようにして明らかにした顧客のニーズや悩みを、どのようにすれば解決できるのか、顧客にとっていかに利便性を高められるのか。顧客のニーズを満たしたり、悩みを解決できる予期せず成功した新しい商品やサービスを、企画することがイノベーションだ。

　ドラッカーによれば、イノベーションとは必ずしも発明のような高度なものを指すわけではない。すでにあるものを少しだけ改良したり、進化させたり、あるいは既存の商品やサービスの組み合わせで実現することは多い。

　柔軟な思考力によってギャップ、認識の違い、産業構造の変化などの課題を解決していく。手順を踏みながら合理的に対処していく論理性も求められる。

理念経営

9

売価設定、原価計算、生産性、利益率などの経営数値にも強くあれ

経営を行うには、
売価設定、原価計算、生産性、利益率などの
経営数値に強くなければならない。
反社会的行為は絶対に許されない。

顧客のニーズや悩みを知り、それを解決するための企画ができた。次にはその企画を現実の商品やサービスとして形にしなければならない。商品を工場で生産したり、営業部隊を組織化しサービスを広げていくのである。

　その時、原料を無駄に使ったり、多大な手間や時間をかけてしまったりしては、高価な商品やサービスしかできないだろう。

　また、成果として、売上が計上されても、無駄が多ければ利益とはならない。

　経営資源を無駄なく効率的に使いながら、生産性を高く維持できる能力が求められる。最も安い原価で最も効果的に商品やサービスを顧客のもとまで届けられるスピードと計算力も必要である。

　企業経営を進める上で、売価設定から原価計算、坪当たり、時間当たり生産性、商品グループ別粗利益率、商品回転率など、重要な経営数値を自ら計算し、それを評価できる実務の能力も必要になる。

　また、商品やサービスを展開していく中ではトラブルにぶつかることもある。工場で不良品を作ってしまった、サービスに思わぬ瑕疵が隠れていた──。企業からのアウトプットである製品・サービスが反社会的なものであれば、言うまでもなく直ちにその商品やサービスの供給をやめなければならない。コンプライアンスの重視は何よりも優先されるべきことである。原因を探り、不良箇所を特定して、それを解決しなければならない。

企業は組織社会にどれだけ貢献しているかで、その存在価値が決まる。反社会的なアウトプットを続けるようであれば、組織社会から即、退場させられることになるだろう。すなわち、倒産である。

　経営者が、不良品が発生するのは、当たり前と考えるか、全く不良品は発生させないという生産者の使命を徹底するかは、自社の損益に影響し、顧客からの信頼を失うか、回復するかが問われる。

　私の経験では、不良品がゼロになると、大幅な黒字となった。その理由は、回収に行くための交通費や後ろ向きな人件費・材料費などが1回当たり数百万円節約となったからである。そして、業績がV字回復した。

理念経営

10

長期的、首尾一貫した視野で人材育成を

労務理念の確立、人材育成は、
常に企業の家訓、経営理念、
ミッション、ビジョンに沿いつつ、
採用から日常業務、処遇、異動、教育、
すべてを首尾一貫した視野で行うべきである。

人材の育成は、採用時からすでに始まっている。

　まず、その企業の家訓、経営理念、ミッション、ビジョン、顧客価値を実現する可能性の高い人材を採用すべきだ。

　仕事の評価もまた、家訓、経営理念、ミッション、ビジョン、顧客価値実現に照らし合わせて行い、機会公平に給与をはじめ処遇を決めていく必要がある。

　給与によって社員満足は向上するが、ヒトは、給与よりむしろ、重要な仕事、責任の重い仕事を達成した時、達成感によってモチベーションがアップする。

　能力に応じて、職務拡大したり、職務充実を図る。異動、昇進によって経験のないことでも積極的に挑戦する機会を設けて経験を積んでもらう。それによって多能化や専門分野の高度化を図っていくのである。

　本人にとっても、自分の能力が磨かれ成長しているという実感と、より大きな責任を任されることは、大きな喜びになるだろう。

　日常の仕事の場でのOJTはもちろん、仕事の場を離れての研修など（OFFJT）も組み込んで、計画的に人材を育成していく。その際も常に企業の家訓、経営理念、ミッション、ビジョン、顧客価値実現に沿ったものであることは言うまでもない。人事制度をはじめ、社員のキャリアプランの構築も同様である。ヒトは、成長することでもモチベーションがアップする。成功体験することにより、さらに、モチベーションアップする。

　首尾一貫した考えのもとで、長期的な計画で企業に必要な

人材の育成を図っていく。その結果、家訓、経営理念、ミッション、ビジョン、顧客価値の実現が現実のものになっていくだろう。

3章

知識社会

~経営者はいつまでも
学び続けることが必要~

知識社会

1

ドラッカー曰く
「現代は、知識を重視し、
生産手段とする、
知識社会である」

知識社会では、
知識の差が商品やサービスの優劣の差となり、
顧客価値の差となって現れる。

ドラッカーによると、現代の社会は、知識を生産手段とする、知識労働者の比重が高い知識社会であるという。

組織社会において企業の占める比率は高まり、その結果、企業間の競争は激しくなっている。企業間競争の勝敗は、提供する顧客価値の差で決まる。

具体的には、顧客が求めているものを、企業は提供しているのか。そして、その企業が提供する商品やサービスの優劣によって顧客の選択がどの企業になるのかが決まる。

商品やサービスの多くは、研究開発によって生み出されている。企業が運営する研究所では大学院出身の研究員が働き、商品の開発や高度化に力を入れている。研究開発力のある企業が、質がよく低価格な商品やサービス、つまり、高い顧客価値を生み出している。

研究開発によって生み出された知識の差が、消費やサービスの優劣の差──顧客価値の差となって現れている。シンプルに言えば、現代は考え方や知識の差が、企業間競争の勝敗を決めているのである。

顧客価値の原点は知識であり、競争そのものも知識によって高度化していると言えるだろう。

知識を重要視する知識社会では、当然、教育が社会の根幹となる。教育制度は学校だけではなく、企業内にも設けられている。企業の経営をはじめ、経営管理や生産、流通などの専門分野の第一線では、技術は日進月歩であり、それに応じた知識が求められるからだ。

そして研究開発機関はその名の通り、商品やサービスの研

究開発を行うだけでなく、企業内教育のための重要な役割を担っていることが多い。

　飲食業、特に企業化された組織であるフランチャイズチェーンは、ほかの業界と比べ、安価な労働力で運営されている傾向が強い。

　価格競争になりがちな業界だが、将来まで考えているチェーンは、商品開発研究所を保有し、商品開発を重視している。そこでは市場開発も併せて行い、さらに社内教育でも役割を担っている。

知識社会

2

知識を生産手段とする人たちが知識労働者である

ドラッカーによれば、
知識労働者は
生涯にわたって学び続けなければならないが、
自己決定でき、
達成感や自己実現感を得やすい。

肉体労働者とは、肉体を使い仕事をする人たちのことである。肉体労働者の仕事の生産性は、時間当たりに換算しやすく、その能率を高めることは、動作、技能、道具を改善していくことで実現する。

　また、肉体労働者は文字通り自らの肉体を使って仕事をするため、その疲労とともに生産性は落ちる。年齢にともなう体力の衰えとともに生産力は落ちるので、定年制度がある。

　これに対して、知識労働者とは、知識の量と深さ、および経験と発想力により、付加価値を生産する人たちのことである。知識労働者の成果は、時間をかけても完成しないものもあれば、ひらめきにより一瞬にして解決するものもあり得る。

　時間当たりでは単純に測定できないのが知識労働者の生産性である。また、知識労働者の頭脳の働きは年齢とともに広く、深くなり、必ずしも衰えるとは限らない。肉体労働者に比べて、定年はより高齢化する傾向がある。

　今日、多くの知識労働者が企業に所属して働いている。士業、資格業はもとより、企業の研究開発部門の研究員、総務部門の人事、法務担当、経理部門の会計専門家、営業部門のマーケティングの専門家、経営企画室のスタッフなど、高度な知識を持つ人たちである。

　知識は常に進化発展し、それに追いついていかなければならない。知識労働者は常に高度な水準を維持するため、日々、学び続ける必要がある。

　自分で勉強したり、研究したりはもちろん、研修会などに参加したりしながら、自ら研鑽し続ける必要がある。学生

時代よりも、社会人になってから勉強している人がほとんどだろう。これからは社内教育が重視される。研修場所は必ずしも社内とは限らず、優秀な指導者がいれば社外でもよい。

また、知識労働者は、単に、知識のみならず、知識にともなう技能も求められる。心臓手術を例にあげれば、医者はまず心臓に関する医学知識によって患者を診断し、どのような治療が適切なのか、どのような手術をすべきなのかを決定する。そして手術の段階になれば、自らの手を駆使する技能者として、迅速、正確に手術を行う。

生涯にわたって努力を続けなければならない知識労働者だが、収入は比較的高い。また、自らの選択によって業務を決められる自由度も高い。

どれほど自分の仕事を高度化させることができるか。それを自ら決定でき、達成感や自己実現感を得やすいのが知識労働者でもある。金銭以外の報酬も大きいのである。

だが、同時に責任も重い。特に問題が生じた時、大きな責任を負わなければならないことがある。

知識労働者の知識は、日々細分化され、専門化しつつある。専門の先端ではさらに高度な専門に分岐し、部外者にはとても理解できない世界が繰り広げられる。

それぞれ深く入り込んだ専門知識を本当に有効活用させるために、それらを統合する視点も必要になる。各専門分野の知識を広く俯瞰し、お互いに結合させて新しい価値を生み出す、コーディネーターという知識労働者もまた必要になる。

知識社会

3

「学習する組織」で抜本的な変貌を

組織社会の中で
価値を提供し続けるためには、
組織そのものが
学習を続けなければならない。

ドラッカーは、今日の社会を組織社会と名づけ、知識労働により成り立っていることを明らかにした。

知識労働とは、知識を生産手段とする労働である。また、組織社会とは、各組織がそれぞれ社会に貢献すべき価値を提供する社会である。

企業は、顧客に対して無償ではなく、有償で取引しつつ、価格以上の価値を顧客に提供しようとする。提供するのが価格以下の価値であれば、企業は社会に貢献しているとは言えない。そのような企業は社会の中で存在価値を失い、市場から退出することになる。すなわち倒産である。

組織社会の中で価値を提供し続けるためには、組織が常に進化し続けなければいけない。組織そのものが学習を続けなければならない。

「学習する組織」という概念を広めたのはアメリカの経営学者ピーター・センゲだ。センゲは、今日の激しい競争を生き残るためには、個人とともに組織もまた継続的学習をしなければならないと説いた。

学習することの重要性は、すでに2500年前から指摘されている。

孔子は『論語』の中で、「一日中食事もしないで考えた。一晩中寝ないで考えたが、答えは見つからなかった。書を読むにしかず」と言っている。100年前、福沢諭吉は『学問のすゝめ』で「天は人の上に人を作らず、人の下に人を作らず」と万人は法の下では皆平等と言いつつ、「貴人、富人になるのには、学問をしなければならない」と学問の必要性を説い

た。

　学習とは、個人にとっても組織にとっても、古から伝わる生き残りのための人類の知恵と言えるだろう。そして、その知識は行動にこそ価値があると教えている。

　経営環境は年を追うごとに厳しいものとなっている。特に、日本の人口減少のインパクトは、社会のあらゆる方面に影響している。

　現在、企業が倒産したり、廃業したり、業態転換せざるを得ない要因を追っていくと、ほとんどの場合、人口減少にその原因が行き着く。人口減少により、国民経済上の需要が大幅に減少しているのである。

　だが、それにもかかわらず多くの企業は、従来の供給側の理論を変えられずにいる。相変わらず生産力を向上させ、業界内での競争を激化させている結果、経営力のある企業は生き残れるが、そうでない大部分の企業は倒産や廃業を強いられている。

　厳しいのは企業のみならず、教育団体や政府組織も同様である。どのような組織も「学習する組織」となり、抜本的に変貌することが求められている。

知識社会

4

「学習する組織」であるためには、まず自立を

「学習する組織」であるためには、
社員各自が判断し、
決定権を持って主体的に行動する、
自立的な組織でなければならない。

厳しくなる一方の経営環境で生き残るため、組織は「学習する組織」にならなければならない。いかにして「学習する組織」になり得るのだろうか。基本はチーム学習にある。

　まず、第一に組織自身が自立しており、自ら知識を吸収し、経験し、それを活かしながら能力を育成する仕組みを持つ必要がある。そして、その結果、チーム成果とする。

　そこには個々人の裁量も不可欠だ。

　ルールや前例に縛られる官僚的な組織ではなく、また、指揮命令の堅固な軍隊のような組織でもなく、緩やかなつながりの中で、理念に基づき各自が判断し、自己決定権を持ち、主体的に行動する組織でなければならない。

　現代はジャングルの中で戦争をするようなものだ。全く見通しが利かない中、ずっと後方にいる上官の命令で動くのではなく、前線に立つ兵士それぞれが理念、見識を持ち、独自に判断しながら戦うしかない。

　判断基準となるのが、その企業の家訓、経営理念、ミッション、ビジョン、顧客価値実現などの理念である。組織そのものがそもそも存在する理由として、その目的をはっきりさせなければならない。それをもとに企業の各兵士は状況を認識して、自ら判断を下す。

　またそのため、組織の形態は重層的なピラミッド型の組織ではなく、フラットで、必要に応じて組織編成がしやすく、縦横無尽にほかの部署と連携できるマトリックス組織が望ましい。

　知識労働者は、そのような自立した組織の中でこそ、自ら

創意工夫し、自己決定権を持つことができる。知識を吸収して、生産性や成果を高めることができる。

　教育においても自主的に判断できるよう、創意工夫を可能とする創造性を育成する。知識が生産手段となるような研修をする必要がある。

　これらのことは最低限の必要条件である。それぞれの企業で、その業種や業態、特性に合わせて、独自のものを加える必要がある。自立した組織を基本に、初めて「学習する組織」が現実のものとなる。

4章

マネジメント

~組織が存続、発展するために
必要なスキル~

マネジメント

1

組織社会を機能させるのがマネジメント

ドラッカーによると、
マネジメントの"発明"により、
社会は発展を遂げることになった。
組織社会を機能させていく上で
欠かせないのがマネジメントだ。

18世紀後半における蒸気機関の改良は、産業革命の引き金となった。それは単なる改良に終わらずに「革命」と位置づけられるまでになったのは、周辺産業や法律分野まで幅広く変革をもたらしたからである。蒸気機関は単に紡績産業のみならず、陸上・海上交通産業に影響した。

　工業は分野ごとに分業が進み、生産性は向上した。また、人々の職業も分化していった。それまで1人で仕事をするような自給自足の経済だったが、その形は一新され、複数人による組織により仕事をするスタイルが定着した。

　会社法が整備されたことで、法律の分野でも大きな変化が起こった。株式会社制度の導入により、法人企業が誕生し、組織社会が形成されていった。少額有限責任による資本調達を可能とする株式会社が"発明"されたことで、産業資本の資金調達が容易になった。

　それまでは民法上の組合法理における出資が主であったため、出資者は無限連帯責任を負わされ、産業資本の調達が困難だったのだ。

　そしてもうひとつ、組織社会の中で生まれてきた"発明"が、マネジメントである。マネジメントとは単に組織を管理するのみならず、組織社会を有効に働かせるための社会的機関と言える。

　マネジメントは文明が存続する限り、基本的かつ支配的な機関として存続し、変革により永続する。

　組織社会では多様な組織が社会的責任を果たしながら人々の生活の質に責任を持つ。企業にとって、経済的成果の実現

を目指すことが役割であり、知識をより生産的に活用することが仕事である。その際、イノベーションが核心となるが、それを可能にするのがマネジメントである。

　マネジメントは実践であり、自然科学、社会科学、人文科学、いずれの面からも研究を積み重ねる必要がある。時代によって変化していくべきものであり、現実に「経営環境の変化」によりマネジメントは変わってきた。「環境の変化」はマネジメントの前提となる経営管理者の役割にも影響を与えてきた。

マネジメント

2

継続と変革という 相克するものを 両立させるのがマネジメント

ドラッカーによれば、
経営には、継続させるものと
変革すべきものの両方がある。
それらを両立させるのも
またマネジメントである。

製品やサービスを作り上げるには必ず時間を要する。我々の仕事は、時間の経過とともに完成する。

　時間は誰にとっても限られた経営資源である。だが、時間は在庫にすることはできず、放っておけば消失してしまう。時間をコントロールすることは難しく、希少資源とも言えるのが時間である。

　常に時間が限られていることを意識し、それを有効に活用することを考えなければならない。そして、時間を最大限に有効に使うことが、マネジメントの目的のひとつである。

　言い換えれば、マネジメントが挑まなければならない課題とは、経営上の決定や行動に大きな影響を与える複雑な「時間」という要素のコントロールだと言えるだろう。

　経営では、常に現在と未来、短期と長期を見ていかなければならない。組織の存続と健全さを犠牲にして、目先の利益を手にすることには価値はない。逆に、壮大な未来を手に入れようとして、危機を招くことは無責任である。

　現実の経営では、短期と長期の2つの時間軸による計画を立て、どちらも意識しながら仕事を進める必要がある。そういう意味で「時間」とは、第4の次元として扱うべき重要な要素と言えるだろう。また、経営とは、継続と変革の相克の連続であると言える。

　経営には、継続するものと変革すべきものがある。

　経営において継続するものとは、

　(i)　事業の目的が顧客の創造であること

　(ii)　組織は目的でなく、手段であること

(iii) 利益は、目的ではなく、条件であること

(iv) 組織は戦略に従うことなど

があげられる。

また、変革すべきものとしては

(i) 事業定義

(ii) 顧客、顧客価値

(iii) 経営戦略

(iv) 市場、商品、サービスなど

が考えられる。

継続性を確立しつつ、変革すべきものと両立させなければならない。それを成し遂げるのがマネジメントである。

マネジメント

3

ドラッカー曰く 「経営者は学び続け なければならない」

マネジメントは
学ぶことができる。
経営者は
学び続けなければならない。

組織社会においては、組織の弱みを補強するために時間をかけるよりは、強みを生かすべきである。強みをより強化するほうが、組織社会に貢献できるからだ。

　後北条時代の第二代当主・氏綱は、「世の中にいらない人はいない。人は必ず役に立つものを持っている」と三代・氏康に、大将の考えとして置文に遺している。古来からの経営者の知恵である。組織内でも考え方は同じだ。人の弱点を補おうとするのではなく、人の強みを生かすことで組織は強くなる。同僚の強み、上司の強み、そして自らの強みを知り、それを適切に配置し用いることで組織力はアップし、成果が実現する。それをなし得るのがマネジメントである。

　経営資源にはヒト、モノ、カネ、そして時間があるが、いずれも有限であり、減価や流出や陳腐化を避けることはできない。組織社会では、多くのビジネスの機会が発生し、顕在化する。だが、何の考えもなしに機会が訪れるたびにこれらの経営資源を費やせば、すべてが中途半端になり、結果として何も獲得できないだろう。経営成果は実現しない。

　経営資源を有効に活用するには、経営資源を最も重要なことに集中する必要がある。経営資源を集中させ、成果につなげるように意思決定することが、マネジメントである。

　日常の仕事においてもマネジメントは不可欠だ。仕事の量が多い時、すべてのことを同時に行っても生産性を落とすだけである。優先順位をつけて、力を注ぐべき点を明らかにしなければならない。優先順位の原則としてドラッカーは、以下の４つを指摘している。

(i) 過去でなく未来

(ii) 機会に焦点

(iii) 独自性

(iv) 変革をもたらすもの

　これらを優先するとともに、すべきではないもの、つまり劣後順位も決めるべきとドラッカーは言っている。なぜなら、取り組むべきことではないことに取り組み、無駄に時間を取られている例があまりにも多いためだ。

　医者が人間の身体を診るように、経営者は組織の状態を把握しなければならない。医者が病人である患者の病気を治癒するように、経営者は企業が組織社会において存在価値を発揮しているか常にチェックし、経済的成果を上げなければならない。それがマネジメントである。

　ドラッカーは、多くのことは学ぶことによって手に入れることができ、経営者もまた学び続けなければならないと言っている。医者が基礎医学と臨床医学により能力を啓発するのと同様に、経営者は経営理論を学び、経営の実践を通して啓発を受ける。マネジメントの能力は、経営理論の取得と現実の経営を経験することにより修得できる。

　マネジメントとは実践である。単なる科学ではなく、自然科学、人文科学、社会科学であり、これらのものを援用して、成果を上げることである。マネジメントの中心にはヒトがいるので、数学的算式では解決することができないことに留意する必要がある。経営とは、サイエンスというよりアートである、ということである。

マネジメント

4

マネジメントの
3つの役割

ドラッカーが言うように、
企業は目的とミッションを果たし、
仕事の生産性を上げ、
社会の問題解決に貢献しなければならない。
そのために用いるのがマネジメントである。

マネジメントとは実践である。医学や法学に似ていると言えるだろう。マネジメントによって、社会と経済に発展がもたらされる。

　企業をはじめとするあらゆる組織が社会の機関である。そして組織とは、社会的な目的を実現し、社会、コミュニティ、個人のニーズを満たすために存在する。組織とは目的ではなくあくまで手段である。企業は経済的な成果を上げ、公的機関は公的な成果を目指す。

　組織を社会に貢献させるようにするのが、マネジメントである。マネジメントには主に３つの役割がある。

　第１の役割が、自らの組織に特有の目的とミッションを果たすために用いることである。

　それぞれの組織には、特有の目的とミッションがあり、社会的な機能を果たさなければならない。企業はそれを経済的な成果として上げる必要がある。それらを十分に果たすために、マネジメントを駆使する。

　マネジメントの第２の役割が、仕事を生産的なものにして、働く人たちに成果を上げさせることである。

　一般に、経営資源としてヒト、モノ、カネ、情報があげられる。だが、突き詰めれば、本当の資源はひとつしかない。ヒトである。ヒトを生産的にすることによって、組織は成果を上げることができる。

　企業ではもちろんだが、企業以外の組織でも同様である。いずれも仕事を通じて可能になる。

　マネジメントの第３の役割は、自らの組織が社会に与える

インパクトを処理するとともに、社会の問題の解決に貢献することである。

いかなる組織も社会の機関であって、社会のために存在する。企業も例外ではない。企業は事業に優れているだけでは、その存在を正当化されない。社会の存在として優れていなければならない。企業は、生活のための量の供給という基本的な課題に加え、生活の質に関心を持たざるを得ない。

これら3つの役割は異質ではあるが、同じように重要である。そして一つひとつの役割それぞれに、独自のスキルとツールが必要になる。しかもそれらを統合して使わなければならない。

マネジメント

5

マネジメントの3つの機能

ドラッカーによれば、
マネジメントの対象となるのは、
事業、経営管理者、
そして人と仕事である。

企業の本質とは、経済的な成果を上げることである。それは、企業の特性を規定する決定的原理と言ってもよい。

そして、企業が取り組む事業は、産業社会において経済的機関として働かなければならない。経営のために行動したり、決定したり、あるいは思考したりする時、いずれも常に経済的成果を目指さなければならない。それが何よりも基本となる。そしてそれを実現するのがマネジメントである。

マネジメントの仕事とは具体的に何を指すのだろうか。それはマネジメントの対象と機能を分析することによって知ることができる。

マネジメントの対象となるものとして、事業、経営管理者、そして人と仕事をあげることができる。

まず、第1の機能が「事業をマネジメントすること」である。

ドラッカーが指摘しているように、企業の目的は顧客の創造である。マーケティングとイノベーションを基本機能とし、事業とは何か、顧客は誰か、将来、事業は何になるのか、どうあるべきかを常に検証する必要がある。

第2の機能が「経営管理者をマネジメントすること」である。

経済的成果を上げるために、企業は存在する。経営者は人的資源を用いて生産性を上げる必要がある。そのために経営管理者をマネジメントする。目標を定め、自己管理し、仕事を組織する。取締役会を組織の中心に置く、管理者を育成する、健全な組織構造を持つ、などである。

第3の機能が「人と仕事をマネジメントすること」である。

　仕事は、非熟練工から名人級の技術者、雑役から副社長にいたる、あらゆる種類の人たちによって行われる。それぞれの人に最も適するように、仕事を組織し、最も生産的、かつ、効果的に仕事ができるように人を配置する。企業が何を求めているのかを働く人へ明確に示し、最高の仕事をしてもらうために動機づけを行う。

　いずれの機能においても、「時間」をマネジメントすることが重要なポイントとなる。現在と未来をマネジメントするのである。

5章

経営者

〜経営者が身につけるべき
能力とは〜

経営者

1

経営者は、経営を学ばなければならない

経営者の能力は、
学ぶことによって育成される。
経営者は生涯、
学び続けなければならない。

私は学生時代、有名な経営学の教授から、経営者能力は経営知識を習得し、経営経験を積むことにより育成されると教えられた。それはあたかも、医者が医学部において医学を習得し、社会に出て臨床経験を重ねて、一人前の医者になれるのと同じであるということだった。

　経営学といってもその幅は広い。競争戦略論、経営戦略論、マネジメント論、マーケティング論、イノベーション論、労務管理論などの多種多様な理論がある。また、人間的側面であるモチベーション論などもある。

　それら経営全般を教えてくれるのが、ドラッカーマネジメント論である。経営におけるありとあらゆる局面の経営課題について教えてくれる。その先達としてのバーナードやサイモンまで学ぶと、よりドラッカーマネジメント論を理解することができる。

　実際に経営を実践しながら、経営上のいろいろな局面を経験している経営者は多い。しかし、ただ時間を重ねれば、本当の経営経験が積めるかというとそうではない。

　経営知識をベースに、高度な経営の意思決定をどれだけ経験したかということが重要になる。どれだけ多種多様な経営状況について意思決定をしたか、経営判断をしたかということである。

　経営判断を下す際は、その時点で保有している経営知識をベースにする。その際、さらなる経営知識の必要性を感じれば、学び、知識の幅と深さを広げてゆく。常に、自分はまだまだ知識を十分保有していないと思い、貪欲に学び続けるこ

とが大事である。なぜなら、経営理論も日進月歩であるから
である。

　経営知識を学び、経営判断の意思決定し、再び学び、経験
し、成功し、また学ぶ。この成功体験循環サイクルを回し続
けることで、真の経営者として成長できる。経営能力が成長
したかどうかの評価は、経営実践の結果、どれだけ成果が上
がるようになったかで判断することができる。

　成果は外部にあり、顧客がどれだけよい変化をしたか、そ
の結果として、顧客が満足し、自社の商品・サービスを購入
してもらい、経済的成果としての売上、利益が増加したか、
リピーターがどれだけ増えたか、質的には顧客にどれだけ信
頼感を持ってもらえたかで、判断することができる。

経営者

2

経営者が備えるべき理論が経営学である

経営学を学べば、
経営を理解し、実践し、確信し、
チームで成功を体験し、
モチベーションを高揚させることができる。

かつて私の父は次々と新規事業を起業し、当初はいつも成功を収めた。だが、継続させることは難しかった。そのため、当時、大学生だった私は、経営学に興味と関心を持った。経営学を学ぶことによって、事業を継続させるための技法を身につけられるのではと考えたからである。

　卒業後も私は学び続けた。その時、出会ったのが、当時、一橋大学で教鞭をとられていた山城章教授だった。

　山城教授から直接、講義を受ける機会があった。その時、山城教授は小柄な体からエネルギーをほとばしらせながら「医者に医学部があるように、経営者を養成するために、経営学部がある」と講義された。なるほど、これが私が求めていた経営学だと、感動したことをはっきりと覚えている。

　経営実務に役立つ経営知識が、経営理論である。山城経営学の理念は、当時から今日まで一貫して、私の経営学に対する理念となっている。

　経営者には経験と経営知識が必要である。現実に経営者には経験豊富な人は多い。

　特に、中小企業経営者は、オペレーションとしての現業は熟知している。知らなければ仕事ができないだろう。だが、マネジメントについては、ほとんどの経営者は、勉強する時間も機会もない。

　私は経営者が経営学を学ぶことは当たり前のこととして考えてきたが、現実には学ぶ人はごく少数である。私は税理士となり、自ら会計事務所を開設してクライアントとして多くの経営者の方と会うと、ますますそのことを実感した。

経営者が具備すべき経営についての知識としての理論を体系化したのが経営学である。経営者にとって経営学は必須の学問である。そして、そこで扱われる数多くのケーススタディは、模擬経験である。

　経営者は経営を学ばなければならない。他社の経験をケーススタディとして採り入れながら、学び続けなければならない。

　経営学を学ぶことにより、経営を理解し、実践し、成功し、自己確信し、チームで成功を体験し、モチベーションを高揚させることができる。

　経営教育を受けることによって、目標を設定し、経営技法を学び、知り、やる気を醸成することができる。

　こうして成功体験ができ、モチベーションをアップする成功体験循環サイクルを描くことができるのである。

【図表3】

経営者が学ばなければならないこと：中小企業経営者が存続と発展のためにマネジメントを学ぶ

(1) 家訓
　同族中小企業を存続させるために遵守すべきもの
(2) 経営理念、ミッション
　どのような社会背景から、あるいは、社会的ニーズから創造されたものか。第二創業期である現在の創業理念は、どうあるべきか
(3) ビジョン
　経営理念、ミッション実行の結果、実現するイメージ、好ましい社会の進化を絵に描く。
(4) 経営知識（経営目的、目標、経営用語、システム、経営者として、判断、行動基準）
　①経営方針：顧客本位
　②行動指針：成果は外部に、コストは内部に
　③目的実現技法：戦略策定：BSCによる経営戦略実現
　　(ⅰ) SWOT分析、クロス分析、5フォース分析
　　(ⅱ) 事業定義
　　(ⅲ) 業務効果：生産性、品質
　　(ⅳ) 経営戦略：顧客価値実現
　　(ⅴ) 競争戦略：戦略的ポジショニング、独自性：差別化、コストリーダーシップ
　　(ⅵ) 撤退戦略
　④経営管理技法
　　(ⅰ) 目標管理（ヒトのマネジメント）：O.O.M.C
　　(ⅱ) 業務管理（仕事の管理）：P.D.C.A
　　(ⅲ) 学習する組織
　⑤リーダーシップ技法
　　特に、状況論型リーダーシップ論は目標管理技法を補強する。
　⑥組織の中でのコミュニケーションツール
　⑦モチベーションアップツール
　⑧経営計画発表会
　⑨経営戦略会議
　　経営監査、財務分析、経営戦略など
　⑩会計（財務、管理）
　⑪企業文化
(5) マネジメント監査

経営者

3

人は働くことで自己実現できる

人は働くことで
収入を得るばかりでなく、
社会との接点を持ち、働きがいを感じ、
スキルをアップし自己実現を可能にする。

今日の社会は「知識社会」である。知識社会とは、知識を生産手段とする知識労働者によって組織される社会である。

　職業を持つことによって、人は収入を得て生活の資を得ることができる。それによって豊かな生活も可能になる。

　収入を得て、相手に反対給付するのが職業である。が、実質的には収入と反対給付の価値は同じにはならない。

　働くことによって、収入以上の反対給付をもたらすことが重要である。収入以上のものをお返しする。収入以上の顧客価値を提供する。すべての人が収入より多くの価値を提供すれば、より豊かな社会となる。

　職業を持つことによって、人は社会との接点を持つことができる。職業があるから、人は社会性を持つことができる。

　マズローは欲求5段階説で、人間としての人生の究極の目的は「自己実現」であると言った。

　人は、職業を通して社会に貢献することができる。日々、仕事をすることで社会を進化させることができる。社会貢献観が働きがいとなり、自己実現につながる。

　このように、自分の職業観という人生観を貫く生き方を理解し、自己実現することにより、モチベーションはアップする。組織を無目的の集団から、目的実現集団へと変身させることができる。成功体験の循環により、ますますモチベーションは高まっていく。

経営者

4

マネジメントで
成功体験循環サイクルを
描け

マネジメントで
経営教育、
目標設定、経営実践、
成功体験、自己確信、
モチベーションアップの
成功体験循環サイクルを描くことができる。

18世紀後半、イギリスのグラスゴーでは、ジェームス・ワットが蒸気機関を改良し、アダム・スミスが『国富論』を著した。その産業革命以降、世界は分業の時代に入った。

　それぞれの人々が自分の職業を全うすることにより、社会は進化し発展する。組織の生産性をどう高めるかということが、組織の課題となり、マネジメントの重要性が高まった。ドラッカーは、組織が組織としての機能を発揮することが、社会が機能することであるとしている。

　そして組織がその目的を実現するために、組織として機能するために必要なものがマネジメントである。

　マネジメントにより、経営教育、目標設定、経営実践、成功体験、自己確信、モチベーションアップの成功体験循環サイクルを描くことができるようになる。

　経営者がマネジメントとして、まず行わなければならないのは、家訓、経営理念、ミッション、ビジョンを掲げることだ。家訓とは、自らの組織が永遠に存続するためにすべきこと、してはならないことを子孫に遺した言葉である。経営理念、ミッションとは、その企業がその時代の社会背景から社会のニーズを実現するために創造されたものか、あるいは、社会を変革するために創造されたものか、明白な言葉として言い表したものだ。

　中小企業の中には、家訓、経営理念、ミッションが明確ではないところが多いのではないだろうか。また、創業時に掲げた経営理念、ミッションと、現在の経営がマッチしていないこともあるだろう。

現在の社会で何をしたいのか、その結果、どのように社会貢献することにより、社会に存在価値をアピールするのか、経営理念を掲げ、そして、その結果、どのような社会の進化を望んでいるのか、ミッションを掲げることで、その企業の社会の中のポジションが明確になる。

　企業は企業の存立目的を明確にし、その企業目的実現のための組織であることを明確にする。その考え方、方法を実践し、学習し、成功体験を得て、自己確信して組織全体のモチベーションを高める。こうして成功体験循環サイクルを実現する。

　経営者自身、組織が機能するために必要なマネジメント上の主な技法を理解すれば、経営における実践の場で活用することができる。マネジメントが役立つことがわかれば経営教育の意義が理解でき、自分自身のモチベーションがより一層高まることになる。

　経営環境は常に変化する。変化を把握し、それに対応することも、変化を起こしてその先頭に立つのも、経営者の仕事である。

　特に、競合環境に関する変化のスピードは速い。経営環境が変化するたびに、自社のミッション、ビジョンを検証し、環境を見比べながら、顧客価値を実現するため戦略を策定し、進むべき方向を見定めることが大切である。

経営者

5

リーダーシップの成功はフォロワーしだい

リーダーシップが
発揮できるかどうかは、
フォロワーの受容力にかかっている。

リーダーシップ論も戦略論同様、百家争鳴、多様である。しかし、中小企業という範囲でリーダーシップ論を考えるとかなり限定される。

中小企業のリーダーシップは大きく2つに分けられるだろう。

ひとつは創業者型のリーダーシップだ。文字通り、自ら創業した事業を卓越したスキルによって社員をパワフルに引っ張っていくリーダーシップだ。

もうひとつは2代目（あるいは創業者以外）経営者だ。卓越した経営者のもとで、ある程度経営教育を受け、周囲の意見も聞き、物事を合理的に決めて、経営していこうという経営者である。

創業者型リーダーシップを備えた経営者と、周囲の意見をよく聞きながら慎重に経営する民主的合理主義型経営者。中小企業の場合、この2タイプの経営者が代表的といえるだろう。

リーダーは自らの方針を実行するために、部下に号令をかける。指示したことが実行されなければ、リーダーとして目指した方向に組織を進めるカジ取りはできない。いくら高い理念を掲げたところで、部下が聞く耳を持たなければ何の意味もない。

重要なことはリーダーの指示、指導が部下に受け入れられるかどうかだ。経営上、常に課題となることだ。

リーダーシップ論とはリーダーの問題であるのと同時に、リーダーからリードされるフォロワーの問題でもある。

フォロワーがどのようにリーダーの経営理念を理解し、リーダーとミッション、ビジョンを共有するか。さらにはリーダーの人間性と向き合えるかが重要になってくる。リーダーの適切な指示、指導があっても、フォロワーの受容がなければ、それは企業という組織においては経済的成果として発現しない。

　現代社会が知識社会であるという特性を、経営者は認識しなければならない。

　肉体を生産手段とする肉体労働の時代ならば、目標を立て、ノルマを管理すれば、売上は上がったのかもしれない。だが、知識を生産手段とする知識労働者の時代に変化した今日、働く人たちの労働観も大きく変わった。

　肉体労働の時代、働く目的とは生活の資を得ることだった。だが、知識社会では、知識労働者は、働くことによって社会との接点を持つことにやりがいを感じる。自らの知識や経験が増えたり、スキルアップしていくことが喜びにもなる。

　さらに自己実現、すなわち、職業を通して社会に貢献することが最大の働きがいになる。モチベーションアップとなる。

　そこで重要になってくるのが、会社の経営理念である。会社は何を以って社会に貢献しようとしているのか。そしてそこに自分は共鳴できるか。

　知識労働者は、経営理念に共鳴して働く。会社の存在価値を常に問いながら働くといってもよいだろう。

　リーダーである経営者は常にそのことを意識し、会社の家訓、経営理念、ミッション、ビジョンの実現に取り組まなけ

ればならない。

　リーダーシップが発揮できるかどうかは、現代社会においてはフォロワーの受容力にかかっている。そして、フォロワーの受容力は、企業、リーダーの社会貢献を文章化した、家訓、経営理念、ミッション、ビジョンの理解に依存する。

　家訓、経営理念、ミッション、ビジョンも重要であるが、同時にフォロワーの人間力が課題となる。

　受容するフォロワーの経営知識、経営経験、企業人として評価がどのレベルにあるかによって、受容力は変わる。それは同時に経営行動や経済的成果に影響する。

　フォロワーは、たとえば次のようなタイプに分けることができ、タイプによって対応を変えていく必要がある。

(1)　積上げ型：思考を積み重ねるタイプ

(2)　空想型：奇想天外な発想をするタイプ

(3)　計画型：全て事前にプランニングするタイプ

(4)　自由奔放型：規則、ルールにこだわらないタイプ

　もうひとつの分類としては、仕事の習熟状況に合わせ、レベルを考えて対応する。

(1)　初心者レベル：広範囲にわたり指導する

(2)　中級者レベル：基本は本人に委ね、コーチ的視点で必要に応じて指導する

(3)　上級者レベル：本人主体で自律的に行動させ、アドバイスを求められた時点で対応する

経営者

6

適切なコミュニケーションが社員の行動を促す

一方的な命令ではなく
対話を重ねることで、
社員は行動を起こし企業に貢献する。

多くの中小企業の社長からよく聞かれるのが、「いくら言っても社員が行動してくれない」という愚痴だろう。これは、本来なら重大な経営上の課題であるはずだが、あまりにも頻繁にあるため、当たり前のこととして見すごされがちである。

会社の家訓、経営理念、顧客本位、経営方針、ミッション、ビジョン、戦略などは、多くの中小企業の場合、社長の頭脳から発想され、会社の行動とすべく、社長から社員へ伝達される。

ところが、企業の核心とも言うべき社長の考えや理念は、社員に正確に伝達されずに放置されたままなのである。これでは社員は進むべき方向を見失い、社長の考える経営はいつまでたっても実現されない。社員にいかに伝えるか。そこで重要になるのがコミュニケーションである。

ドラッカーは、コミュニケーションについても卓見を述べている。コミュニケーションとは、情報ではない。コミュニケーションとは、知覚の対象であると言うのである。

たとえば、次の禅問答のような諺がある。

"森で木が倒れても音がしない"。

森で木が倒れれば当然音はするはずだが、人が聞いていなければ、誰の耳にも音は届かない。聴こえないのと同じだというのである。一方的に話しても、受け取る意志がなければコミュニケーションは成り立たない。コミュニケーションの本質を象徴する言葉だろう。

企業においてコミュニケーションとは、目標管理を前提としている。

目標管理では、まず、目標の設定をする。だがこれはノルマのように一方的に上司が決めるのではない。十分話し合い、上司が「期待」し、部下が「貢献」しようという意志を示した上で、会社の全社目標にどのように向かうかをディスカッションでなく、ダイヤログ（対話）により決定するものである。そしてその結果については、2人とも言い訳はせずに責任を負う。

　目標設定において、上司は部下の成長を考えて目標を高めに設定する。そして、その目標が実現できた時の成果についての評価方法、評価基準をあらかじめ明示し、部下なら実現可能であると期待する。

　部下も、目標実現方法について、上司と意見交換し、指導してもらう。そして実現した場合の会社への貢献を明示し、実現することにより自分の成長を実感できる。達成感により、モチベーションは高まり、仕事に高揚感を得られるだろう。

　コミュニケーションとは、考え方、見方の違いを、上司と部下が認識し合うことである。「違い」を相互に認識し、どのような視点ですり合わせるか、合意点を探ることである。

　その際、聞き手である部下の知覚能力に合わせて話をする。ソクラテスは「大工と話す時は、大工の言葉を使え」と言った。

　上司は、受け手である部下の知覚能力を評価し、部下の知覚レベルで対話する。上司が部下の知覚レベルを推しはからず、上司の持っている全知識や経験を基準に話をすれば、部下は対応ができないだろう。意志のキャッチボールは成り立

112

たず、話はかみ合うことはない。

　部下の知覚能力について、教育の必要性を感じたり、受け手の理解力を向上しなければ……と感じれば、教育、訓練も考える。

　ほかにも、上司と部下との間で十分なコミュニケーションが成り立つ要件がある。

　まず、明確な組織目標があることだ。組織目標があってこそ、部下自らが会社への貢献の方法をはじめ、自らの成長を考えることができる。

　また、上司は過去の経験や保有する知識を提供することで、仕事のやりがいや興奮を伝え、目標に対し部下をより前向きに向かわせることができる。そして、お互いの理解、認識の違いを知り合うことである。

　上司も部下も会社の方針や全社目標に同意していることも、コミュニケーションの前提となる。そうでなければ、たとえば技術系の仕事をしている人であれば、会社の全社目標よりも、自らの技術スキルを磨くことのほうへ意識や行動が向くだろう。そのような場合、組織の方針や目標について、改めて話し合う必要があるだろう。

経営者

7

成功する成功体験循環サイクルの作り方

経営経験にプラスして常に学び、
また実践して、
成功する成功体験循環サイクルを作れ。

人は誰でも幼児期には「歩くこと」や「話すこと」のほとんどを経験によって体得したはずだ。この経験主義は、肉体行動、肉体労働には適用が可能だろう。だが、大人になり、たとえばスポーツをしようとした時、肉体を使うという意味では確かに肉体行動であるが、単なる経験主義で上達することはない。

多くの人々がプレイしているゴルフを思い浮かべれば一目瞭然だろう。我流でやるのと、プロから理論やスウィングについてアドバイスを受けるのとでは、上達の質もスピードも全く異なってくる。

『論語』「学ぶに如かざるなり」では、孔子は一晩中寝ずに、考えたが答えは出なかった。また、1日中食事もしないで考えたが、答えは出なかった。

書を読むに如かずと語っている。

経営においても同様である。経営者1人の考え、あるいは経営チームで経営について意思決定しても、それが単に体験に基づくものならば、たいへん危ない。経営理論を学びながら、経営を経験することが大切である。実践経営においては、経験と経営学という知識の交互作用が必要である。

ドラッカーは、事業の目的は「利益」ではなく、「顧客の創造」であると教えている。

「利益」は必要なので稼得しなければならないが、「利益」を価値前提なしに単に目的とすると、正しい経営にはならない。

「利益」を目的とすると事実前提の経営となり、Y乳業の

ように目先の利益を得るため腐敗した牛乳を売ることになりかねない。同社は結局、数千億円という巨額の損失を計上した。本来の事業目的である「健康のための牛乳販売」という理念を失い、その結果、顧客や社会の信用を失い、販売不振に陥ったからである。

　ドラッカーは、成果を生み出すのは、マーケティングとイノベーションであるとした。そして生産性、経営資源、社会的責任からは、成果は生み出せないと明言している。また、成果は何に貢献するかを決め、成果は何かを決める。

　マーケティングとは、顧客のニーズをとらえ、顧客のニーズに合致するものを、顧客へ提供することである。売り手が勝手に考えるのではなく、顧客に聞いて見つけるものである。

　イノベーションも同様である。経営者として、自社商品について、その商品の性格から、絶対的に具備していなければならないものを、ものづくりの専門家として発明する。そして、社会が受け入れられる経済的価格になるようにコストダウンして商品化する。

　それだけのことをして初めて顧客から支持を得られる。マーケティングもイノベーションも以上のプロセスにより売上となる。直接売上を目的としていない。この２つが成果、すなわち企業の成果である経済的成果となる。

　財務においては、損益分岐点を算定すれば、概算利益は速算される。管理会計に基づく固定費・変動費の分析を行うことにより、売上高の成長は、変動費のみしかコスト増はないので利益は増加するなど、いくら考えても答えは出ないが、

学びや知識があれば答えを得られる。

　以上のことは、基本的には、経験主義のみで解決できる課題ではない。学ぶことによって体得することができ、解決の道を見つけることができる。

　「書を読むに如かず」の言葉通り、学び、実践し、知識を得て、行動し初めて成功は得られる。その結果、モチベーションは高揚し、再び学び、成功するという成功体験循環サイクルができあがる。経営も進化し、企業として存続発展が可能になるだろう。

　ちなみに、成功体験こそ、本人の強みである。

経営者

8

「勉強」ではなく、「学ぶ」を継続すること

経営者は失敗を認め、
言い訳をせず、
それをもとに、
生涯学び続けなければならない。

「学習」には、「勉強」と「学ぶ」の２種類があり、両者の意味は異なる。

　「勉強」とは、レクチャーを受け、暗記して、覚えるという日本の学校で得意の方法である。一方、「学ぶ」とは、本人の強い意志から学習することである。

　経営に成功したい、社会のために役立ちたいなど、何らかの理由があれば、そのために「学ぶ」べきだろう。

　受け身の「勉強」では追いつかない。純粋な知識欲から知識を「学ぶ」ように、経営のために「学ぶ」のである。

　「学ぶ」上で、このように「勉強」と混同してしまうことが大きな障害になる。もちろん、受動的に始めた「勉強」であっても、本人が努力して内容を十分に理解し、トレーニングを積み、得たものをすっかり自分のものにすれば「学ぶ」ことと同義にできるだろう。

　「学ぶ」ことにはほかにも障害が考えられる。セクショナリズムもそのひとつだ。組織のセクショナリズムのことではない。人の内面のセクショナリズムである。学ぶ領域に、自からバリアーを張ってしまう。限定してしまう、狭めてしまう行為だ。

　言い訳や無知もまた「学ぶ」上での大きな障害だ。経営の上で失敗は避けられない。だが、それを他人の責任にしたり、言い訳をしていたりする間は、失敗の本当の原因に気づくことはない。

　また、大きな失敗はないと油断していると、小さな問題に気づかず、何が問題なのかもわからないうちに経営が行き詰

まってしまうことがある。いわゆる「ゆでガエル状態」だ。

いずれも、「学ぶ」上では大きな障害となる。小さな失敗であってもそれを認め、それをもとに「学ぶ」意欲を持ち続けるべきだろう。

経営者は、事業経営については生涯、学び続けなければならない。「学ぶ」ことに専念しなければならない。

生涯、仕事について「学ぶ」ことに喜びを感じ、仕事としての経営について理論を学び、経験を重ねる。このことを自己マスタリーと言う。

自分がこうありたいという姿を目標とし、現状との落差を認め、「学ぶ」ことを続けるのである。

経営者

9

経営者の 11の役割

目標を設定し、戦略を策定し、
人材を活用しながら
企業の存在価値を発揮する。
経営者の役割は多様だ。

経営者は、企業という組織を人と同様に見なし、社会的、経済的活動をさせる主体である。

経営者の心得、役割について見ていこう。

(1) **企業が組織社会に存在できるのは、組織社会に存在価値を発揮する時だけである**

存在価値がなくなれば、組織社会は企業を必要としなくなるので倒産することになる。企業は、組織社会に必要とされている時だけ、存在を許される。それは存在価値を発揮しているときである。

(2) **自社のミッションを考える**

ミッションとは、社会にニーズとしてあるが顕在化していず、これを解決しようという企業が存在しない場合に、顧客を決め、顧客価値を決め事業を創業することをいう。何を成果とするかを常に考える。自社の事業を定義し、事業は何になるのか、経営戦略を策定する。

(3) **自社を取り巻く経営環境を分析する**

自社がクライアントを通してライバル企業より強いのか弱いのかにより競争戦略を考え、事業活動を行う。競争とは、標的顧客に対して顧客価値の提供に関してどの企業が優位なのかということである。

(4) **企業の存在価値を決める**

企業が、組織として、人と同様に経営行動するには、経営環境を分析し、競合状況を把握し、組織の方向性を決め、何をもって存在価値とするかを決定する。競合他社と差別化する。

(5) 組織には、リーダーとフォロワーが存在することを認識
する

　トップマネジメントたるリーダーは、リーダーシップを発揮する。リーダーシップが機能するためには、上司と部下が目標管理のもとコミュニケーションにより、お互いの考えの違いを理解し、最終的には、相互に納得し、期待と貢献のもとに、モチベーションを高め、経営行動する。

(6) 人材の強みを活かして活用する

　リーダーとして、人材の活用をする際に、人の強みを活かし、経営行動に当たっては常に貢献すべき対象を決め、成果を決め、アクションプロセスと成果物について可能なかぎり評価可能な計数化をする。部下の経営行動の評価に際しては、公平な人事であることが絶対不可欠である。

(7) 単なる予測ではなく、「すでに起こった未来」を見つける

　トップマネジメントはスペシャリストではなく、ゼネラリストとして、経営全般に目を配り、特に事業機会獲得を目標とし、予測はせず、常に、すでに起こった未来を意識し、将来を見据えることが重要である。

(8) 時代の変化に応じて事業を再定義する

　組織が永続するためには、家訓、経営理念、ミッション、ビジョンのもと、一定の期間が経過したなら、事業について再定義する。経営環境の変化により、社会のニーズの変化、顧客や商品の変化を見直す。「事業は何になるのか」、「事業は何になるべきか」、時代の変化に対応して見直していく。

⑼　真摯さを

　トップマネジメントとして、真摯さ、集中力、構想力、計
数管理力、時間管理力を保有する。経営のプロフェッショナ
ルとしての気概と「知りながら害をなすな」を常に自覚する。
そして経営者として自己実現を目指す。

⑽　決断を下す

　トップマネジメントは、企業経営上の機会獲得および、課
題解決のために、意思決定する必要がある。意思決定には、
決断と判断をしなければならない。その際、必要となるのが、
過去の経験知や、書物による知識である。常に学ぶ姿勢と努
力が必要である。

⑾　オペレーションよりもマネジメントを意識する

　経営とは、オペレーションとマネジメントにより成り立っ
ている。多くの企業は、業務としてのオペレーションは行う
が、マネジメントについては十分意識して仕事をしていると
はいえない。

　オペレーションとは、寿司屋であれば寿司を握ることであ
り、マネジメントとは寿司屋という企業組織を永続させる仕
組みを、顧客の創造を基本として考え、活動することである。
ただし、マネジメントはいまだ十分にはわかっていないと同
時に歴史が浅く、十分に学習されていないので、補強するこ
とが必要である。

124

経営者

10

強いモチベーションは目標から生まれる

目標を自ら作り、
それが高ければ、
人は強いモチベーションを
持つことができる。

モチベーションを言い表す言葉としてよくあげられるのが、山本五十六の「やってみせ、言って聞かせて、させてみせ、ほめてやらねば、人は動かじ」だろう。

　人に仕事を教える時は、仕事の手順を教え、手順通りに仕事をさせ、うまくできたらほめてやることが、達成感を与え、成功体験によりモチベーションを上げることにつながるため、非常に大事である。そのことにより、人は一層やる気を醸成するとともに「強み」となる。

　山本五十六の言葉は、まずやる気の原点が「知る」こと、そして自分が「できる」と確信できること。そして認められること。そのように解釈できる。それから当人たちの行動が始まるわけだが、実はそこにはいろいろなプロセスがある。

　組織の中で人が仕事をする際、意欲的に自発的に仕事をするかしないかは、仕事の成果において大きな違いをもたらすことになる。

　心理学者のデービッド・C・マクレランドは、企業経営におけるモチベーションについてこう語っている。

　モチベーションとは本来、個人における心理的なものである。個人がやる気や意欲をどのように高揚させるか、ということであるが、職場においては、モチベーションは企業の業績に直接、影響を及ぼす。企業に所属する人が意欲を持って仕事をするかどうかで、業績は左右される。

　そこで目標の設定となる。目標を定め、その目標に向かいチャレンジするところにモチベーションは高まる。

　企業は目的を達成し社会の中での存在価値を発揮するため

に目標を設定する。企業経営において目標の設定は必須である。それを個人の目標にまでうまく落とし込むことができれば、モチベーションを高く維持したまま仕事をすることができる。

その時、留意すべき点は、まず、目標とは社員自らが作るものであるということである。会社からの押しつけではなく、会社の目標を知った上で、社員一人ひとりが自分自身の目標を定める必要がある。

もちろん組織である以上、上司をはじめ、同僚や部下の社員とともに目標を作らなければならない場合もある。その時も、自らの意志で目標設定に参画し、組織に貢献し、責任を持つ姿勢で挑むべきだ。

また、個人の目標設定をする上で、企業の目標がまず個人に受け入れられるものでなければならない。経営者自身がどれほど本気で目標に向かっているのか。そこでも社員のモチベーションは大きく影響を受ける。

経営者は、企業経営の考え方、技法を熟知して経営しなければならない。全く無知で経営すれば、社員全員がやる気を失う羽目にもなりかねない。そのためにも経営者は経営教育を受けた上で経営し、よりよい経営成果を実現し、成功体験し、さらに学び、よりよい成果を上げるべく強い意欲を持って経営する必要がある。

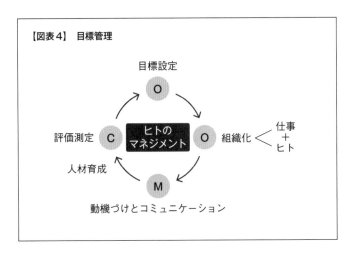

経営者

11

多様なモチベーション理論を学び、適切な応用を

多数あるモチベーション理論を学べば、
臨機応変に社員のモチベーションを
引き出せる。

心理学者のデービッド・C・マクレランドのモチベーション理論のほかにも、モチベーションの理論は多様に存在する。異なる視点によるモチベーション理論を学び、状況に応じて使い分ける。そうすれば、各人から最大のモチベーションを引き出すことができるだろう。

⑴　ドラッカー

ドラッカーは、社員のモチベーションを上げるための要となるのがマネジャーであると説いている。その役割は人と組織をマネジメントすることにある。具体的に取り組むべき仕事として次の5つをあげている。①目標を設定する。②人に仕事を割り当てる。組織を創る。③チームを編成して組織を創る。そこで動機づけとコミュニケーションを図る。④評価測定する。⑤人材を開発する。

人に仕事の仕方を教え、人の心に「やる気」という火をともすのである。責任のある仕事をさせ、成功することによりモチベーションは高まる、としている。

⑵　マズローの欲求5段階説：自己実現の欲求

アメリカの心理学者、マズローが説いたのが欲求5段階説だ。第1の欲求が生きていくための基本的・本能的な「生理的欲求」。第2が安全・安心で暮らしたい「安全欲求」。第3がどこかに帰属したい「社会的欲求（帰属欲求）」。第4がほかの人から認められたい「尊厳欲求」。第5が自分の能力により創造的活動を求める「自己実現の欲求」である。

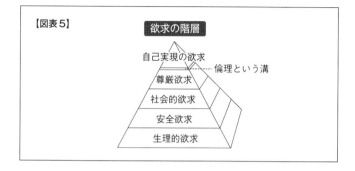

　第1から第4の欲求までは、人は下位の欲求が満たされることで、次の段階を求めるようになる。最後の「自己実現の欲求」は倫理という溝があり、なかなか到達することはなく、それを求めることで強いモチベーションが働く。「自己実現の欲求」は人間としての最高次の欲求である。

(3) 動機づけ、衛生理論

　アメリカの心理学者、フレデリック・ハーズバーグは、人間には苦痛を避けようとする動物的な欲求と、心理的に成長しようとする人間的欲求の2種類の欲求があるとした。そして、前者を衛生要因、後者を動機づけ要因と名づけた。

①衛生要因

　衛生要因には、会社の考え方や、管理、監督、労働条件、給与、人間関係などの環境要因が含まれる。これらの要因のスコアがよくなければ不満の原因となり、最悪、退社を招く。だが、逆にいくら満たしても仕事への満足度が高まるわけではない。

②動機づけ要因

　動機づけ要因には、達成感、仕事への責任感、成長などが含まれる。責任ある仕事を任され、これを達成した時に人は強い達成感を得て、仕事のやりがいを感じる。

　動機づけ要因は満たせば満たすほど仕事への満足度は高まる。だが、不足しているからといって不満が増えるわけではない。社員のモチベーションを上げようと、いくら動機づけ要因を満たしても、衛生要因が満たされなければ人は不満を持つ。逆に衛生要因のみを満たしたとしても不満はなくなるが、仕事への強いモチベーションは生まれない。これら２つの要因を分けて考え、両方を満たす必要がある。

⑷　Ｘ理論とＹ理論

　アメリカの心理学者、ダグラス・マクレガーは、人に対する対立的な考え方をＸ理論とＹ理論という２つの理論で説明した。

　Ｘ理論によれば、人は「怠惰で仕事を嫌う」存在だ。これに沿った経営では、仕事を強制し、アメとムチによってコントロールすることになる。

　これに対してＹ理論では、人は「働く欲求を持ち、仕事を通じて、自己実現と責任を果たす」存在とする。Ｙ理論に基づく経営では、人の自主性を重んじその自己実現を手助けする。それが人はとって働くための強い動機づけとなる。

　現代の先進国ではアメもムチも現実的ではない。知識労働者にはＸ理論は適用できない。Ｙ理論により、人に対して平

等に接し、物的報酬よりも心理的報酬を重んじて、自己実現を支援することが、モチベーションを生む。

(5) 目標設定理論と目標管理

目標設定により、モチベーションに違いが出るという理論。目標を定め、それに向かってチャレンジするところにモチベーションは生まれる。また、その時、目標はより明確で、より難しければ、人は高いモチベーションを持つ。

そのための管理技法として用いられるのが目標管理である。ここで大切なことは、目標について本人が納得している、ということである。目標は自ら作り、上司や同僚、部下とともに作る場合でも、本人の参画は必須だ。目標に対してその人がいかに貢献し責任を持つか。そこを明確にすればモチベーションはアップする。

(6) 期待理論

「期待」からモチベーションを解き明かそうとした試みはいくつかある。

①ブルームの期待理論

V.H.ブルームが提唱したのは、人は「期待」と「誘意性」によってモチベーションを高めるという理論である。「期待」とは、努力すれば相応の成果が得られそうだという心情。「誘意性」とはその人にとって価値のある報酬を表す。努力すれば仕事が達成でき、報酬が得られる時、人はモチベーションを感じ、逆に、努力しても達成の可能性がなかったり、実績

を上げても報酬が得られなかったりした場合、モチベーションは生まれない。「期待」と「誘意性」が揃って初めてモチベーションにつながる。

②ローラーの期待説

L.W.ポーターとE.E.ローラーは、ブルームの期待理論を発展させ、期待には2つのプロセスがあるとした。つまり、努力すれば業績は向上するという期待と、その業績により望ましい成果の入手につながるという期待である。

(7) 公平理論

他者と比較して公平に評価されているかどうかが、モチベーションに影響するという理論である。 自分の評価が他者の評価より高い場合、モチベーションは高まり、自分の評価が他者の評価より低い場合、モチベーションは低下する。基準や評価者の設定を明確にしておく必要がある。

経営の原動力は、人間である。

同じ経営理論を学んでも、同じ経営がないのは10人いれば、10通りの経営となるからである。

人は、モチベーションを経営の原動力とする。

それぞれの人に合ったモチベーション理論を適用することにより、活力あるマネジメントが実現できる。

経営者

12

目標管理のための10箇条

一方的な目標設定は
ドラッカーによれば、
効果を発揮しない。
当事者の自己管理を前提に、
自ら組織への貢献を
語ってもらう必要がある。
ヒトのマネジメントは
OOMCが有効である。

マネジャーたるもの「明確な目標」を掲げなければならない。以下、目標設定についての留意点をあげる。

(1)　目標設定には自部門、他部門、企業全体の視点で

　目標は常に組織全体の目標から導き出す必要がある。自ら率いる部門が上げるべき成果を明らかにすることはもちろん、他部門の達成の助けとなるべき貢献も明確にする。さらに、他部門に期待できる貢献を明らかにし支援を受ける。このように、目標設定には初めから企業全体としての成果を組み込んでおかなければならない。

　たとえば組み立てラインの職長も、企業全体の目標と製造部門の目標に基づいた目標を必要とする。企業の規模が大きく、職長が率いるチームの生産量と、全体の生産量との差が大幅に異なっていても、職長は全体の目標との関連において、自らの成果の目標を定めなければならない。

　社員全員の目標が、企業全体の目標への貢献という形で明らかにされる必要がある。あらゆるマネジメントの場面において、全体への貢献を考慮しなければならない。

(2)　目標は企業全体の目標から引き出す

①企業全体の目標と部門の目標に基づいてその下位目標を設定する

②短期的視点と長期的視点から規定する

③マネジャーの組織化と育成も目標とする

④部下の仕事ぶりと態度についても目標を設定する

⑤企業全体の社会に対する責任についての目標も定める

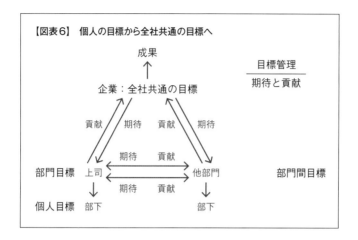

(3) トップマネジメントは目標間のバランスを図る

　企業内にいくつも生まれる目標が矛盾なく存在し、社員がそれに向かって支障なく向かえるよう、トップマネジメントは各目標を吟味し、バランスを図る必要がある。

　トップマネジメントがこのような本質的な仕事に時間を割かず、キャンペーン型のマネジメントを行うことは無益であるばかりか企業に害をもたらす。一時的な節約キャンペーンを行っても期間が終わればもとに戻るだけである。節約キャンペーンは最たるもので、高給を得ている役員が週給並の仕事をしなければならない羽目になる。

(4) 目標は企業への貢献によって規定する

　事業部長の目標は、組織全体に対して果たすべき貢献によ

って規定される。

　また、目標を規定することは一人ひとりの責任である。属する組織の目標設定に参画することも一人ひとりの責任である。

⑸　自己管理を前提条件にヒトをマネジメントする

　人間とは、責任を負い、貢献して、成果を欲する存在である。目標管理の最大の利点は、自らの仕事ぶりをマネジメントできるようになることである。

　目標設定もまた自己管理を前提にすべきだ。

　自己管理ができるようになると、それ自体が強い動機づけをもたらす。最善を尽くす願望を起こさせる。自己管理による目標管理こそマネジメントの神髄である。管理とは、人を支配するためのものではない。「管理すること」で、分別するため「ヒトをマネジメントする」という、自らと自らの仕事を方向づける能力を意味する。目標は管理手段である。

⑹　組織化する

　目標を実現するために仕事を明確にし、仕事にヒトを担当させて組織とし、ヒトを動機づけする

⑺　情報は自己管理の最良の道具（ツール）

　目標を熟知し、成果をも自分で評価できれば、自ら動き出す。自らの仕事ぶりを管理するには、まず目標を熟知していなければならない。目標に照らして、自らの仕事ぶりと成果

を評価できなければならない。評価・測定のために必要なのが明確な情報である。それは上から管理するための情報ではなく、自己管理のための情報だ。情報という最良の道具（ツール）があれば、人の情報能力は増大し、効果的な自己管理が可能になる。

⑻　目標はアクションに直結する具体性を持つ

　組織の中の人間が果たすべき貢献は多様である。その中で目標は、各従業員のアクションに直結する具体的なものでなければならない。今、自分は何をなすべきかを、具体的に示さなければならない。

　同時に、簡単に達成できる目標ではいけない。企業の総力を結集して通常の手段では到達し得ない目標でなければならない。経営者、管理者は先頭に立ち、自ら挑む姿勢を示さなければならない。

　各従業員のアクションに具体的につながるためには、目標設定には仕事の実態に精通したスタッフが必要だ。仕事の実態を肌で知り、言うところ説くところを傾聴させ得る信頼感を勝ち得たスタッフが必要である。

⑼　Y理論で従業員を燃え上がらせる

　目標を従業員自身のものにするためには、経営者、管理者には強力なリーダーシップ、説得力が要求される。従業員に目標を「説明し、理解させ、納得させる」のである。上から目線ではいけない。馬を下りて説く。

経営者、管理者が熱誠を込めて説得すれば、必ず各従業員は燃え上がる。このためには説得者は目標について確信を持っていなければならない。

「目標」を説得するには、人間観の変革も必要だ。X理論ではなく、Y理論で従業員へ対応する。従業員を信じないX理論では「目標による管理」は行えない。

また、目標の達成過程においては自己統制を旨（むね）とし、達成に必要な分権を行う必要がある。当事者の自由裁量に任せる。すべて委譲するという分権体制をとることである。

たとえ当事者が失敗しても無干渉の義務を守る。失敗権を認めるのである。失敗を通じて成長することを信じ、試行錯誤こそ最大の教育手段であることに徹する。

⑽　コミュニケーションは部下を基準に

目標管理の最大の目的は、上司と部下の知覚の仕方の違いを明らかにすることである。通常、努力しなければ、上司と部下の考えは同じになることはない。また、両立することもない。

目標を設定する上で、上司は部下に何を期待すべきか。また、部下は、自分がいかなる成果に責任を負うべきか。お互いに知らなければならない。

その際、上司から部下へという一方的な命令・指示ではコミュニケーションは成り立たない。部下と本当にコミュニケーションをとるつもりならば、受け手、聞く側である部下の立場を基準としなければならない。そして、部下自身から、

組織への貢献に関して考えていること、期待できることを発言してもらわなければならない。

たとえば、上司が部下に「貢献」について聞く場合、以下のような質問が理想的だ。

「組織企業、および上司である私は、あなたに対しどのような貢献を期待すべきか？」「あなたに期待すべきは何か？」「あなたの知識や能力を最もよく活用できる道は何か？」

それに対して部下は、「自分はどのような貢献を期待されるべきか？」「企業、および、自らの部門に対して、自分はいかなる貢献を行うべきか」を考え、明らかにする必要がある。

上司は、「部下の考える貢献」についての有効性を判断する。一方的な押しつけではなく、上司と部下とのコミュニケーションが、真の目標設定を可能にする。

このような上司と部下とで目標についての理解の違いについてわかり合うことにより、期待と貢献が可能となる。これはノルマ管理ではない。

経営者

13

組織全体で
整合性のある目標設定を

ある程度の組織になれば
経営チームによる目標設定が必要になる。
目標の遂行には、部門間の連携を図り、
仕事の管理は、
PDCAによる管理が有効である。

組織が小さいうちは社長1人で思ったような方向づけができるだろう。「正しい目標を作るため」には、全情報が入る立場ならば1人でもかまわない。だが、組織がある程度の規模になった時、それではすまなくなる。

　全社目標を唯1人で作るのではなく、経営チームで作るのである。そこでは最低限、企業の使命、顧客、商品、サービス、組織構造、人員などの基本構造を明確にしておく。経営チームとしての目標が明確でなければ、3年先どんな会社でありたいかがバラバラとなる。

　基本構造の1年先、2年先、3年先をイメージすることは、目標を明確にするのみならず、社員のモチベーションアップにもつながる。

　各部門の責任者も全社目標策定のプロセスに参加し、そのプロセスを理解することが望ましい。同じように、部門目標を策定する場合には、部門員全員で策定プロセスを共有することが望ましい。部門目標を理解し、最終的には個人目標へ落とし込む。

　また、企業の各部門が掲げるいくつもの目標が、お互いに整合性のあるものである必要がある。

　個人の目標設定の際には、部門目標からブレークダウンする。また、部門目標は組織全体の目標から同様にブレークダウンする。こうして目標は、まず縦の関係として整合性のあるものになる。

　同時に、目標設定では部門間での協力関係を作る。そのため部門長間でよく話し合う必要がある。チームとしての協力

体制を作るのだ。こうして横の関係においても目標は矛盾の
ないものになる。

　個人の目標についてのフィードバック情報を、上司経由に
すると命令になるので本人へ直接、伝達する。情報は、自己
統制のためであって、管理のためではない。

　目標設定の後は、実現に向けた評価制度が必要である。何
を成果とするか、使命実現のためばかりでなく、その時の報
酬についても明確にしておかなければならない。

　また、目標に正しく向かっているのか、どこまで進捗して
いるのか絶えずチェックし、進捗に応じたアクションを起こ
す必要もある。PDCAにより目標を実現するため仕事を管理
し、目標に向かうのである。

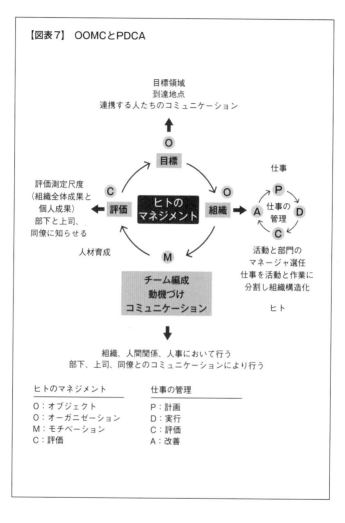

経営者

14

チェンジリーダーとなれ

ドラッカーによると、
変化し続ける経営環境を生き抜くには、
変化をチャンスとしてとらえる
チェンジリーダーとならなければならない。

ドラッカーによれば、経営における変化は誰もコントロールすることはできない。できるのは、変化の先頭に立つことである。チェンジリーダーとなるためには、変化を脅威ではなく、チャンスとしてとらえなければならない。

企業家精神とは、変化を探し、変化を機会として利用することである。変化への対応はリスクをともなう。だが、リスクを回避すれば、経営の陳腐化が進むだけである。

チェンジリーダーには、以下の4つの行動が求められる、とドラッカーは言う。

(1) 成功していないものは全て、体系的に廃棄する
(2) あらゆる製品、サービス、プロセスを組織的かつ継続的に改善する
(3) あらゆる成功、特に計画せざる予期せぬ成功を追求する
(4) 体系的にイノベーションを行う

組織は自らチェンジリーダーとなり、自ら変化を作り、変化の先頭に立たなければならない。特に、グローバル化された今日では、変化が常態であると考え、常にリスクに対応し、機会としてとらえなければならない。

明日を作るため、乱気流社会を生き抜くため、「すでに起こった未来」に注目し、ビジョンを実現することもチェンジリーダーの役割である。

企業を方向づけ、変化へどう対応するかを常に考える。ニ

ーズやギャップを探し、それをいかにイノベーションにつなげられるかを常に考える。そのため、トップマネジメントチームを構築したり、相談相手を持つなど、必要に応じて人の知恵を借りることも必要である。

経営者

15

「会社の寿命は30年」 とは？

新商品・サービス開発、
マネジメント開発、人材開発。
企業の存続には
３つの開発が必須。

○研究開発を意識しなければ、企業は30年で寿命を迎える

「会社の寿命は30年」とは、企業がひとつの商品・サービスに依存しているならば、一般に30年と言われる商品・サービスのライフサイクルとともに、企業の寿命も尽きる、ということを表した言葉である。

商品・サービスが成熟期から衰退期へ至る際、改善・改良することにより、ライフサイクルの延長は可能だ。改善・改良のための研究費を年度費用として支出し、延命を図るのである。しかし、これだけでは30年が少し延命される程度である。

企業が長期にわたり存続発展するためには、毎年、新商品・新サービスを開発するための開発研究費を負担しなければならない。投資である。

投資は資金のみならず、時間、そして、人間をも意識して行うべきだ。

開発の根本は人間の発想以外にはない。人が発想しようとするモチベーションを生み出す報奨制度等の仕組みを整えるのである。

○成果はイノベーションとマーケティングで

マーケティングとイノベーションは、ドラッカーによると経営の成果を上げる二大要因と言われているが、新商品・サービスの開発にもそっくりあてはまる。

顧客の求める事業機会からの新商品・サービスの開発の好例としては、ベルの電話 自動交換機システムの開発があげ

られるだろう。

1920年代のアメリカでは急激に電話が普及し、交換手として全米の女性が必要になると想定された。その際に開発されたのが電話自動交換機だった。まさにマーケティング的発想による商品開発と言えるだろう。

移動手段としての馬車から自動車への移行もあげられる。馬車は改善・改良されて、1頭が2頭となり、2頭が4頭、6頭と増えていったが、自動車により馬車そのものが駆逐された。

自動車は馬車の改善・改良の延長にあったのではなく、全く異質の発明であった。イノベーションである。

デュポンのナイロンも画期的発明だった。長期間にわたる研究開発の成果であり、開発後も長期にわたって同社の収益の柱となった。東レの炭素繊維は航空機産業でも利用されている。特殊な繊維を開発し、その用途を大きく広げたのである。

開発研究に抜きん出ているからといって安心はできない。コダックは最初にデジカメを発明したが、フィルム事業部の利益にとらわれていたため、デジカメ事業に本格的に踏み込めず、ライバルに先を越されたと言われている。開発した新製品をいかに位置づけるかで、企業の存続は左右される。

○研究開発費のみならず長期にわたるマネジメントと
人材育成に配慮を

企業が長期にわたって繁栄を遂げるためにはまず、社会と

顧客のために何をすべきなのか、現在と将来のあるべき姿を明確にする。

その上でどのような商品・サービスを展開していくのか。そのために研究開発にどれほど予算を使うのか。そしてその間、企業組織を維持・成長させるためにいかにマネジメントしていくのか、人材育成のためにどのような制度を作り、投資していくのか、などを決めるのである。

中期開発目標としては、現状の商品・サービスごとのライフサイクルを明確に分析し、いつまでにどのような商品・サービスが必要なのかをはっきりとさせる。

その上で期限を設け、それら新商品・新サービスの開発をスケジュールに乗せる。また、長期開発目標としては、自社のコア・コンピタンス（核となる技術や特色）の究極の理想商品を開発するようにする。

企業は、これら研究開発費、マネジメント、人材育成、すべてについて短期・中期・長期にわたって、負担できるだけの収益を上げなければならない。それが適正収益力である。

長期にわたって企業を存続発展させるための、経営者として基本的に考慮すべき点である。

経営者に伝えたいドラッカーの金言
「知りながら害をなすな」

「マネジメントたるものはすべて、リーダー的地位にあるものの一員として、プロフェッショナルの倫理を要求される。それはすでに、2500年前のギリシャの名医ヒポクラテスの誓いのなかにはっきり表現されている。知りながら害をなすな、である」（『エッセンシャル版マネジメント』より抜粋）

6章

経営戦略および
競争戦略

～戦略を練り、実行する～

経営戦略および競争戦略

1

同業他社ばかり見るのではなく、5つの競争要因に着目せよ

目の前の競合他社ばかりが気になるが、
競争を勝ち抜くには
意識しなければならない要因がほかにもある。
同業他社、売り手、買い手、
新規参入業者、代替品。
これらが5つの競争要因だ。

企業の競争と聞いて多くの人が想像するのが、同業他社との戦いだろう。毎日、顔を合わせてマーケットのシェアを奪ったり奪われたり。最も気になる相手であり、競争要因としてのわかりやすい存在である。

しかし、マイケル・ポーターは競争要因としてほかにも、新規参入、買い手との交渉力、売り手との交渉力、代替品の脅威があり、同業他社と合わせて、全部で５つあるとした。

これら５つの競争要因によって、各企業は自社の価格を見直さざるを得なかったり、一層のコストダウンを求められたりする。

同業他社、売り手、買い手、新規参入業者、代替品の５つの競争要因の中で、どの要因がどれほど影響してくるのか、はたまた何を重視すべきかは業界によって異なる。

業界自体の体力、つまり収益性はあるのか――。零細企業が多いのか、中小企業が多いのか、それとも大企業が多いのか――。シェアの大部分を大手１社が占めているようなガリバー型寡占状態なのか――。

業界全体が伸びていて、利益を上げやすいのであれば、当然、新規参入の脅威は大きい。同業他社もさることながら、新規に参入してくる企業に絶えず目を配る必要がある。

逆に、業界全体の伸びは頭打ちで、衰退しつつあるのであれば、新規参入の可能性は低いが、買い手との交渉は厳しくなり、同業他社と価格競争に陥りやすい。

一方、同じ業界内であっても高収益企業もある。逆に、業界が好調であっても、赤字企業もあるのが現実である。

業界という大きな括りで競争要因が決まり、収益力は限定されるが、企業努力によって挽回できる余地は十分にあるのである。

　自社の所属する業界で、5つの競争要因がどのように影響しているのかを見極め、企業が持続し成長するために必要なのが競争戦略である。

経営戦略および競争戦略

2

優位に立つ方法は２つ。差別化か低コスト化か

５つの競争要因が存在する中、
競合に対して
持続的な優位性を保つ方法は
２つある。
低コストか、差別化か。
どちらかひとつを特定のセグメントに
集中させて展開することで、
大きな効果を上げることができる。

マイケル・ポーターは競争要因として、同業他社、新規参入、買い手との交渉力、売り手との交渉力、代替品の脅威の５つをあげた。

どの要因が重要になるのかは、業界の進展や成熟度によって異なる。業界の状況に合わせて自社が存続し成長するための投資収益力を確保しなければならない。資本投資コスト以上の収益を獲得するのである。

そのために必要なのが、競争戦略である。ポーターは、競争戦略の目的は、競争ルールを利用し、状況を自社に有利な方向へ変えることであると言っている。

競争戦略も競争要因同様、業界の状況によって異なるが、共通して言えることは、持続力のある競争優位が望ましいということである。

ポーターは、競争相手よりも優位に立つには、低コストか差別化を特定セグメントに集中すべきだと説いている。

競争相手と自社とを比較した際に、どちらが低いコスト優位に立てるのか。競争業者と比べて、自社製品は差別化されたものになっているか。

低コスト、あるいは、差別化は、業界全体のような広いマーケットで行うのではなく、業界を可能な限り細かく分類した特定のセグメントに集中して行うことで効果を上げる。差別化集中戦略か、コスト優位集中戦略をとるのである。

経営戦略および競争戦略

3

ライフサイクルに応じた戦略策定を

自社の商品と産業そのものの
ライフサイクルを見極め、
ステージに応じた適切な戦略が、
勝利をもたらす。

第二次世界大戦によって大きな打撃を受けた日本では、多くの産業がほとんどゼロからの再出発を余儀なくされた。その結果、それから約70年経過した現在、それらの産業は、成長期を過ぎ、成熟期から衰退期に入っている。成熟期から衰退期の企業や産業に必要なのが、第二創業の発想である。

　それには、２つのことを考える必要がある。

　ひとつは、ライフサイクルのステージに合わせた適切な戦略をとることである。

　産業が成熟期であれば、セグメンテーションした市場へ商品、サービスを提供する。また、衰退期であれば、いまだ余力があるうちに、次の事業をシナジーのある分野で開発し、第二創業する。あるいは、新たに商品、市場を創造するのは難しいので、FCチェーンで信用があり、実績のあるところに加盟する。

　もうひとつは、商品、サービスについてイノベーションを起こすことである。

　商品やサービスを改良すべき点は改良し、これ以上の改善・改良はできない極限状況まで、開発する。さらに新商品、サービス開発、新業態開発をする。

　経営の根幹とは、市場と顧客へ、流通チャネルを通して、商品サービスを提供し、顧客と社会に貢献することである。ライフサイクルのどのステージかにより、戦略策定は変わる。自社の産業のライフサイクルや商品・サービスのライフサイクルが今どこにあるのか、常に、十分に留意する必要がある。

経営戦略および競争戦略

4

常に「事業は何であるべきか」を問い直すことで企業は永続できる

某予備校の20校閉鎖は
失敗ではなく
企業の永続を図った
英断である。

「某予備校27校中20校閉鎖へ」（2014年8月23日）

　大見出しの新聞記事に目をとめた人は多かっただろう。

　不採算、リストラ、苦境……。記事には経営不振を表現する言葉ばかりが並んでいたが、某予備校のこの決断を、ドラッカーの経営戦略に沿ったものと理解した人は何人いるだろうか。

　ドラッカーは、経営者が自社の事業について常にチェックすべきこととして以下の3点を指摘している。

⑴　事業は「何か」：短期

　某予備校は、大学入学者のための予備校として、特に文系、浪人受験生をターゲットとしていた。また、通学に便利な駅近くに立地していた。目標を設定し、戦略を立て、経営資源を集中する。それにより予備校は経営成績が上がっていた。これこそマネジメントである。

⑵　事業は「何になるのか」：中期：経営戦略

　講師間で競争をさせ、カリスマ講師による授業を企画して生徒の人気を集めた。教室は、常に満杯だった。予備校としてどのような存在になるのか、明確に示して成功に導いた。

⑶　事業は「何であるべきか」：長期

　だがやがて、教室を覗くとわずか数人のクラスが見られるようになった。生徒たちは減少傾向にある。人口統計を見れば、今後、大学入学者数そのものが年々減少することは明白

だ。

　理系・医系、現役生の予備校のニーズが増加している傾向は見られるものの、某予備校の主要ターゲットである文系、浪人生は大幅に減少している。将来、予備校が成り立たなくなることは明白だ。ドラッカーによる「既に起こった未来」である。

　そこで事業が「何であるべきか」を考えることになるが、新規事業の立ち上げという選択となるのは当然の成り行きである。

　その時に必要になるのが計画的廃棄である。某予備校が20校を閉鎖し希望退職者400人を募ったことは、その路線に沿ったものである。

　また、新規事業については、閉鎖後の校舎は駅近立地という好条件にあることから、20校閉鎖から数年が経つ現在、旧校舎は、ホテルや企業のオフィス、商業施設、会議室など、まさに駅前立地にふさわしい業態に貸し付ける形になっている。

　思い切った決断は後ろ向きのものではない。企業と事業とを明確に分離し、企業としての存続を図った"英断"であった。某予備校を運営する本部は、永続企業になれる可能性を見せたといえるだろう。

【図表8】 事業定義と戦略計画：ドラッカーによる事業定義：経営戦略策定、撤退戦略

企業目的である「顧客の創造」を実現し、成功体験循環サイクルを作る

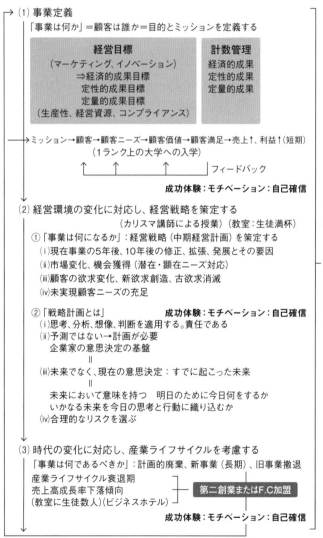

ドラッカー：事業定義より想定

経営戦略および競争戦略

競争を
正しく理解して
勝つ

競争に勝つためには、
競争の意味を正しく理解し、
自社が置かれている立場を
知る必要がある。

(1) 最高ではなく、顧客にとって価値のあるものを目指す

M.ポーターによれば、競争があるからこそ、戦略が必要になる。既存企業間の競争とは、自社の独自性を見出し、顧客企業に、自社が顧客価値と想定するユニークな価値を提供することである。「競争が起こる仕組み」と「競争と競争優位」について理解しなければならない。

競争を分析すると5つの競合要因があるといわれ、これは5フォースとも言われる。

競争に勝つには、「最高を目指す」のが一番という考えがある。直感的でわかりやすいが、それは大きな誤解だ。誰もが「最高を目指す」ことになればゼロサム競争となり、勝者はいない。

提供する商品やサービスについて「最高を目指す」のではなく、顧客にとって求められているもの、顧客にとってユニークな価値のあるものを提供することこそ、優れた戦略である。

その際、独自の価値を提供する。独自性を目指して競い合うことこそ、卓越した業績を維持する力となる。競合他社にはない独自性を目指すべきである。目標顧客に対し、顧客ニーズとして何をどのような価格で提供するか（価値提案）を需要側で考える。供給側では、どのような製品サービスをニーズの異なる顧客へアクセスするかを考える。その中間に戦略が位置づけられる。

(2) **業界の業績と競争を理解するために**
　　フレームワークの活用を

　競争は、売上をめぐる同業競合企業間の直接対決にとどまらない。より広い範囲に発展する。

　「競争とは利益をめぐる広い意味での攻防であり、業界が生み出す価値の分配をめぐる駆け引きである」とポーターは語った。

　ポーターの有名なフレームワーク「５つの競争要因」を用いれば、どんな業界においてもそこで作用している利益をめぐる競争をわかりやすく表すことができる。

　競争に勝つためには、どのような業界のどのような企業であっても、競争環境についての分析を出発点としなくてはならない。

　このフレームワークにより、業界と自社の業績について理解を深めることができる。自社の所属する業界とサプライヤー業界、買い手業界の産業間の力関係、自社の力関係を分析し、価格設定力をいずれが持つか。

　もうひとつの分析ツールとして、SWOT分析があるが、事業機会を発見するという自社のおかれている環境分析として意義はあるが、価値創造ツールとしては弱い。競争を前提とする５フォース分析により、独自性のある価値創造ができる。

(3) **競争優位を正しく理解して業績確保を**

　一般に、競争優位とは、競合他社を負かすために使われる武器と理解されている。さらにこの言葉は漫然と使われるよ

うになったことで、今では組織が得意と自負するほとんどすべてのことを指すようになってしまった。

だが、ポーターの言う競争優位とは、つきつめれば価値創造に関わる問題であり、それを競合企業とは異なるやり方で行う方法のことである。独自性を持つことである。

「競争優位とは、他社と異なるバリュー・チェーンをいかに構築し、業界平均を上回る業績を確保するか」というポーターの言葉に尽きる。

競争優位を正しく理解し行動すれば、自社の創造する価値（価値創造）とそれを創造する方法（バリュー・チェーン／価値連鎖）、そして業績とのつながりをはっきりたどることができる。

経営戦略および競争戦略

6

優れた戦略を
作り出す
5つの条件

ポーター曰く
「優れた戦略は、競合の参入を防ぎ、
自社のポジションを確固たるものにする」

M.ポーターはこう語った。

優れた競争戦略、つまり、卓越した経済的業績をもたらす競争戦略とは、「競争から身を守るための防御手段」である。

より具体的には、次の5つの基本条件をクリアするものが堅実な戦略と言える。

(1) 価値創造をしているか

価値創造こそ戦略の核である。特徴ある競争上のポジションを獲得すれば、企業は顧客に「独自の価値提案」をすることができる。価値創造とは、目標顧客に対して、顧客ニーズである製品、サービス、機能を相対的価格で提供することである。

(2) 特別のバリュー・チェーンがあるのか

顧客価値を創造する方法か活動そのものが他社と異なる。

独自の価値提案が「有効な戦略」になり得るのは、それを実現するための最良の"活動の組み合わせ"が、"競合他社の行う活動と異なる場合"に限られる。

競合他社と"違う方法"で活動を行うか。競合他社とは"活動そのものが違う"のか。この2つのうち、どちらかを選択することで競争優位は生まれる。

(3) 独自のトレードオフの構造を持っているか

一部の顧客のニーズに、よりよく応えるために、ほかの顧客に対してノーと言わなければならない。これがトレードオ

フである。トレードオフは、選択肢が両立しない際に生じる。トレードオフを行うということは、「制約」を受け入れることを意味する。

自社独自のトレードオフの構造を持ち、それを適切に用いれば、競合他社との"価格やコストの差"を生み出す重要な源泉となる。

また、優れた戦略は模倣を招くが、トレードオフの存在が競合他社に戦略を模倣されにくくする。他社はそれを模倣することで、条件の悪いトレードオフの状況に陥り、自らの戦略を損なう。

トレードオフを適切に活用すれば、競合企業の参入障壁となることができる。逆にトレードオフへの留意を怠ると、早く参入しても、そのポジションを競合他社に容易に模倣されてしまう。

⑷ 適合性（フィット）を持っているか

ポーターはこうも言った。

優れた戦略は多くの物事のつながりによって成り立っており、それには相互依存的な選択を行うことが欠かせない。

一般に企業は核となる活動に専念し、それ以外はアウトソーシングすべきといわれる。適合性は、この一般通念に異を唱える。

特別に調整されたバリュー・チェーンを持つことが、優れた戦略の条件となる。価値創造のためにバリュー・チェーン内の活動を適合させられれば、より独自のポジショニングを

とることができる。

　適合性とは、バリュー・チェーン内の活動の相互関係に係わるものである。適合性には単なる連携を超えて、競争優位を増幅させ、その持続性を高める働きがある。

⑸　継続性は必要である

　変革を怠り、衰退した例はたいへん多い。しかし、一方では継続性もまた大切な要因である。真の競争優位を築くには時間がかかる。バリュー・チェーンを調整し、トレードオフ、および、適合性を実現しなければならない。

　戦略における継続性の役割を理解すれば、変化そのものに対する考え方が変わる。組織は、戦略を継続することでこそ、適応力とイノベーション能力を高められる。継続性は戦略の実現要因である。

経営戦略および競争戦略

7

競争に勝つための4つのステップ

顧客価値を実現し、
目標顧客に提供して、競争に勝つ。
それには4つのステップがある。

(1) 経営戦略を策定する

　まず、自社の強み・弱みを明確にする。これには機会と脅威に自社の事業がいかに対応していけるかを知ることができるSWOT分析が有効である。事業機会と自社の経営環境における立場が明確となる。

　また、クロス分析を用いれば、自社の強みと機会がクロスするところを知ることができる。

　自社における経営資源上の強み・弱みは競合企業との相対的なものである。競合相手の状況、経営環境の変化で、強み・弱みが変化することを踏まえておく必要がある。

　外部経営環境分析としては、もうひとつの方法であるポーターの5フォース分析が有効である。自社を取り巻く、仕入先、売上先、同業者、代替品、新規参入の5つの競争要因との関係を検討することが重要である。

　経営戦略を策定するには目標顧客を明確にし、この顧客ニーズを洗い出し、価格設定する必要がある。

(2) 顧客価値を見つけ決定する

①自社の強みと機会を理解し競合分析をした後は、目標とする顧客の「顧客価値」とは何かを明確にする。そしてそれをどのように提供するのかを検討する。

　ドラッカーの戦略論では、「事業とは何か、事業は何になるのか、事業は何であるべきか」という視点で戦略を策定すべきとしている。事業という定義を通して、常に顧客を特定し顧客価値を考えよ、と説いているのである。

現実には、顧客によって多種多様な顧客価値が存在する。まず、仮説を立て、顧客価値を想定する。明示されている場合もあれば、不明な場合もある。

不明ならば、発見しなければならない。顧客に直接、聞くことが望ましい。

アメリカのゼネラルモーターズのキャデラックの顧客は、高級車を求めているのではなく、ステータスという顧客価値を求めている。日本で精密機器の製造・販売に携わるキーエンスは、顧客に寄り添った営業手法によって、意味的価値という独特の顧客価値を作り出す体制を実現し、業界の中で抜きん出た存在になった。

②ディマンドサイドとして、顧客、ニーズ、相対的価格より価値を、また、サプライサイドはバリュー・チェーンにより価値創造を実現する。

(3) 顧客価値を実現する

定めた顧客価値を実現するものが経営戦略である。

バランススコアカードは、「学習と変革の視点」および「業務プロセスの視点」により、実現する。

まず、顧客価値を決定し、それを実現するために学習し、プロセスを作り、改善を続ける。

自社のバリュー・チェーン全体、つまり、購買物流、製造、出荷物流、販売・マーケティング、サービス、さらに全般管理、人事・労務、技術開発、調達活動、業務活動など、自社の業務プロセスすべて、を顧客価値の実現のために方向を揃

える。

⑷　競争戦略を策定する

　競争戦略とは、目標とする顧客が、自社を含めた競合企業間の何れの企業の顧客価値提案を承認し、選択するのか、その顧客価値提供コンテストにおいて、競争優位をどのように構築するかである。

　目標顧客が顧客価値と認識するものを、最適な提供方法で、最適な価格で、目標顧客に提供する。それにより競合他社より優位になる。

　目標顧客が顧客価値と認識するものは、単一ではなく、複合的なものである。競争戦略は、同業以外の４つの競合との関係を合わせて対応しながら、業界内におけるこの複合的な顧客価値の提案競争である。

経営戦略および競争戦略

8

差別化実現のため自社のバリュー・チェーンの把握を

競争優位のために必要なのが
低コスト化か差別化。
中でも差別化の源泉となるのが、
自社独自の価値連鎖——
バリュー・チェーンである。

マイケル・ポーターは、競争に勝ち抜くためには、５つの競争要因を分析して、低コストの方針でいくのか、差別化を実施するのか、大きく分けてこの２つの戦略を、特定のセグメントに集中して行う重要性を説いた。

　低コストを求めるにせよ、差別化を追求するにせよ、会社の業務プロセスを細分化して把握し、対応する必要がある。

　製造業ならば、原料を仕入れ、それをもとに製品を製造し、物流に乗せて取引先まで届ける。小売業ならば、商品を仕入れて、物流に乗せ、店舗で販売して、利益を得る。

　一般に、企業にはこのような直接、利益を生む主業務があり、それを支援する管理や人事・教育、技術開発などの支援業務がある。

　会社がどのような仕組みで価値を創出しているのか。仕入れから販売までの価値の流れを表すのが、価値連鎖（バリュー・チェーン）である。

　同じ業界の同じ業種であっても、企業によってバリュー・チェーンは異なっている。全く同じような商品を扱っているように見えるスーパーマーケットを例にあげても、規模や品揃えの方針、商圏は企業によって違い、バリュー・チェーンもまた異なる。

　自社の仕入れ、物流、販売……というバリュー・チェーンを形作る一つひとつのプロセスを細分化し、各プロセスに費やしているヒト、モノ、金、情報のリソースを把握する。同時にそこでどれほどの付加価値が生まれているのかを知る。

　それによって、どこにどのような創意工夫を施せば、他社

にはない独自の価値を創出することができるのかがはっきりとする。バリュー・チェーンを意識すれば、企業の各業務は整理され、最適化されていく。

各プロセスでコストダウンを実現できれば、トータルとして低価格で商品を市場に送り出すことができる。各プロセスで時間短縮ができれば、納期短縮が実現する。技術開発、企画のプロセスで独自性を発揮できれば、他社にはない差別化した商品を送り出すことができる。

各プロセスのリソースの配分を見直したり、つながりを見直したり、主業務の生み出す付加価値を上げるために、支援業務を適切に関連させることも、独自のバリュー・チェーン構築に役立つ。そしてそれが差別化のための大きな源泉となる。

【図表9】 BSCによる経営戦略策定

ミッション：永続企業の創造支援
ビジョン：マネジメント実践企業群
戦略1：集中、差別化：5F分析：バリュー・チェーン
戦略2：戦略の方向づけ、集中：SWOT分析：クロス分析

戦略

戦略目標間の因果関係

1.財務の視点：生産性、収益性、ROE
2.顧客の視点：顧客満足
　■目標顧客の成果実現
　顧客価値実現：
　高付加価値または低コスト、あるいは差別化：商品・サービス
　ソリューション顧客ソリューション：トレードオフ、適合性、継続性

　(1)戦略的ポジショニング要因
　　企業、顧客、ブランド、商品、サービス、価格、販売促進、
　　店舗、チャネル、アフターサービス
　(2)顧客価値提案
　　需要側
　　①どの顧客 (エンドユーザー、チャネル)
　　②どのニーズ (どの製品、機能、サービス)
　　③相対的価格 (プレミアム、ディスカウント)
　　(3)戦略ポジショニング
　　供給側
　　④特定サービス特化ポジショニング
　　⑤ニーズ対応ポジショニング⑥地域ニーズポジショニング

3.業務プロセスの視点：卓越性・顧客価値提案
　(1)バリュー・チェーン
　　①業務管理：業務効果
　　　　　　　品質、スピード、生産性
　　　　　　　インプット、アウトプット
　　(ⅰ)物流(ⅱ)出荷物流(ⅲ)販売・マーケティング、
　　　顧客管理 (選別、獲得、維持、関係)(ⅳ)サービス
　　②全般管理③人事・労務管理
　　④技術開発 (イノベーション) ⑤調達活動
　(2)チャネル管理
　(3)財務・投資管理
　(4)リスク管理

4.学習と変革の視点：顧客価値提案
　マネジメント機能、役割の理解：インタンジブルズ
　(1)人材：コンピテンシー、戦略遂行力
　(2)情報力：情報技術、システム、インフラ、ネットワーク
　(3)組織力：戦略実行
　　　(チーム力、モチベーション、リーダーシップ、文化)

(4)戦略要件
①現在事業拡張、発展
①市場変化、機会獲得
②顧客の欲求変化
③未実現顧客ニーズの充足

成果指標(行動の結果)
(成果尺度)
(退行指標)

先行指標
(将来の財務業績の
パフォーマンス・ドライバー)
(非財務尺度)

目標顧客の起点：カスタマーオリエンテッド
　　　　　　　：マネジメントの意義の理解
(1)顧客志向の理念
(2)R.S.T.P.→目標顧客決定

　■目標顧客のニーズ、要望、期待
　■コア技術による目標顧客の探索

➡ **目標顧客価値提案**

1. 5F分析、バリュー・チェーン：
　目標顧客：差別化
2. SWOT分析、クロス分析：
　目標顧客：事業機会の獲得

キャプラン、ノートンの戦略マップを基本として、ドラッカーマネジメントおよび、ポーター競争戦略、バリュー・チェーンにより構成されている。

競争優位の戦略
このバリュー・チェーンにおいて、独自性を出すために何をするか。
特にトレードオフ、諸活動間の適合性をどのように、からみ合わせるか
ex.目標顧客を設定し、この顧客ニーズを分析し、相対価格で提供する。このトライアングルにおいて、
どのようなバリュー・チェーンを構築するのか。その際、どのようなトレードオフを考え、
どのように適合性を高めるか。そして継続することによりスキルアップをする。

180

経営戦略および競争戦略

BSC（バランススコアカード）で差別化の実現を

差別化実現のために、
戦略を具体的な業務に落とし込み、
各業績を評価する
BSC（バランススコアカード）が有効だ。

経営を評価する方法の一つとしては財務分析がある。売上、利益、費用などの計数的データを用いて、ROI（総資本利益率）などを計算して経営の状態を知るのだが、会社が目指す目標が社員一人ひとりに浸透しているのか、顧客に伝わっているのか──、というようなことは、財務分析だけでは見えてこない。財務は、あくまでも、経営の結果である。

　そこで有効になるのが、バランススコアカードだ。財務をはじめ、顧客、社内ビジネスプロセス、学習と成長、この４つの視点で目標を設定し、その達成度を測る仕組みだ。財務で用いる計数的データだけでなく、モチベーションやリーダーシップ、顧客価値、顧客満足など、非計数的データも使って評価していく。

　BSCは、計数と非計数、財務の短期的な業績と人材育成という長期的な業績、そして外部情報と内部情報、過去、現在、将来、さらに自社内の業務に対して顧客、このように相対する価値を網羅し、その間のバランスを評価していくところに大きな特徴がある。

　BSCを用いれば、４つの視点のうちのひとつ、顧客の視点による評価により、自社が業界内で差別化できているかどうかを知ることもできる。

　また、差別化の目標が果たされていないのであれば、それを実現するためのプロセスを組み立てることも、BSCを通して可能になる。

　顧客の満足度を上げようとするならば、顧客本位という基本理念と社員のホスピタリティを向上させる。それには学習

や教育が欠かせない。社内の業務改善も同様だろう。いずれも人材育成のためには予算を立てる必要があり、財務、顧客、社内ビジネスプロセス、学習と成長の各視点は、すべて関連づけられている。

4つの視点の目標達成のために、各部署ではより具体的な目標を定め、しかもそれは企業トータル目標や経営理念、ビジョンと一致していなければならない。

各社員一人ひとりが目標を達成することで、企業トータル目標が達成される。BSCを用いれば、そのような仕組みを社内に構築することもできる。

各視点の相互の関係を図化し、それぞれの質向上と目標達成に至るプロセスを見える形にするのがBSC戦略マップだ。企業活動を社員一人ひとりのレベルから経営トップまで、首尾一貫したものにすることができる。

【図表10】 価値連鎖における代表的な差別化源泉

成果／利益

顧客満足（顧客価値）(ｅｘ´ＴＱＣ)

顧客の成果目標　マージン

全般管理	購買物流	製造	出荷物流	販売・マーケティング	サービス
人事・労務管理	優秀社員訓練	安定した労務政策 労働の質 高める生産計画 最高の科学者・技術者をひきつける計画		最高セールスマン やめさせない奨励策 高品質販売 サービス用品、募集	サービス技術者、広範、訓練
技術開発	原材料、扱い、仕分けの、優れた技術、独占的、品質保証機器	特徴、製品特徴、モデル導入、速度、特殊生産工程、機械自動検品法	特製、輸送車スケジュール、ソフトウェア、特殊用途、車、コンテナー	応用技術支援、優秀媒体調査、特注モデル、素早、見積もり	一歩ぬきんでた、サービス技術
調達活動	資材納入、最も信頼の、高い輸送	最高品質、原材料、コンポーネント	最良立地、倉庫、破損、最小、輸送会社	望ましい、媒体利用制品、ポジショニング、イメージ	高品質、取替品
業務活動	破損、品質低下、最小、抑える資材、扱い方、製造、タイムリーに納品される資材	仕様書と一致、魅力的な製品以外回、仕事の変更に応じる、低い不良品率、製造時間、短い	タイムリー、正確、正確で速い受注処理、破損、最小、取扱い	うまい広告、セールス活動、それのよさ、質の高さ、チャネル、個人的な親密その他、技術説明書その他、優秀な販売活動促進、広範囲、販売促進、買い手に供与、クレジット	早い据え付け、高いサービスの質、取替部品、完全装着品、サービス範囲の広さ、買い手訓練の徹底

会社のイメージを高める建物・施設／優れたマネジメント情報システム

トップマネジメントの販売支援

経営戦略

顧客価値提案

- コスト・リーダーシップ
- 差別化
- 集中

目標顧客のニーズ・要望・期待

『競争優位の戦略』(M.ポーター)をもとに作成

バリュー・チェーンにおいて、独自性を出すために何をするか。
特に、トレードオフ、諸活動間の適合性をどのようにからみ合わせればよいのか。

経営戦略および競争戦略

10

「高品質化」による
差別化には限界がある

今や「高品質化」は当然の要件となった。
真の顧客満足、差別化のためには、
もうひとつの決め手が必要になる。

(1) 高品質化は当たり前の要件

　顧客本位を貫き、顧客満足を目指すならば、提供する商品の高品質化は当然の要件である。マイケル・ポーターの言う業務効果の追求である。

　業務効果とは、競合他社と類似の活動を競合他社より優れて実行することで得られる。競合他社と類似の活動について生産性、品質、スピードを追求する。業務改善とも言われる。業務改善の技法としては以下があげられる。

① ベストプラクティスをベンチマークする
② アウトソーシング
③ コア・コンピタンスの追求
④ モチベーション管理
⑤ リ・エンジニアリング

　インプットを有効活用する活動、アウトプットを効率化する活動。これら両方の活動により、欠陥率を減らしたり、より優れた製品をより早く開発することができるようになる。競争力が増し、市場の変化に迅速に臨機応変に対応できるようになる。

(2) それだけでは顧客満足は成り立たない

　高品質でなければ顧客満足は得られず、当然、市場価値も低く、市場からの信頼も得られない。だが、品質の重要性はどこの会社も認識しており、日夜、品質の改善・改良のため、

製造の一線ではQC（品質管理）活動を行い、会社あげての
TQM（総合的品質管理）に取り組む会社は少なくない。

だが、どこの会社でも取り組んでいるがゆえ、「高品質」
が差別的優位性の戦略の対象とはならないのも事実だ。携帯
電話やテレビを例にとれば、あまりに高度化した製品は一般
の人には使えない機能が多く、むしろ顧客満足から遠ざかる。
同質化競争では顧客満足には限界があるのである。

また、製品の「高度化」は、どこの企業も同一の頂点を目
指して競争しているようなものであり、ゼロサム競争となる。
勝者はいない。

取り組めば組むほど疲弊し、誰も利益を手に入れられない
状況となってしまう。競争力の低下をも招き、持続的収益力
は得られない。品質の高度化だけで差別的優位性の確立は実
現できないのである。

(3) 差別化、競争優位のための戦略を念頭に

高品質化は確かに必要だ。顧客目線による品質の高度化を
目指さなければ、超競合社会から脱落してしまうだろう。品
質の保証は、顧客の信頼を得る最善の方法であり、長期取引
の原点であり、長期利益の必要条件である。

また、そうしなければ、ヒト、モノ、カネという経営資源
の無駄遣いとなり、コストのみ上昇し、利益どころか、赤字
となってしまう。価格競争、品揃え競争、サービス競争など、
競合他社ができることは無視せず、対応しないわけにはいか
ない。

しかし、それは差別化にはならない。差別的優位性を確立するためには、独自性が必要になる。ポーターは、競争優位を築くためには「コストリーダーシップ戦略」「差別化戦略」「集中戦略」の３つのうちのどれかが必要だと説いた。

　「高品質化」は相対的な条件ではあるが、真の差別化、真の顧客満足のためには、別の決め手──絶対的独自性が必要になるのである。

経営戦略および競争戦略

11

独自性を打ち出す フォーカスと ポジショニング

「高品質化」での差別化には限界がある。
フォーカス、ポジショニングによって
独自性を生み出すのである。

「高品質化」による顧客満足、差別化に限界があるとすれば、何によって差別化を果たせばよいのか。

アメリカのマーケティングの専門家、ジャック・トラウトはそれを独自性とした。独自性を生み出すために重要になるのがフォーカスとポジショニングである。

超競合社会においては、品質の高度化はどのような企業にとっても必須の責務である。差別化にはなり得ず、それのみで顧客満足を得ることは難しい。品質の高度化とは、あくまでも経営上の業務効率というフェーズで考えるべき問題である。

顧客満足を得る差別的優位性を確立するためには、問題を超競合社会における戦略フェーズとしてとらえる必要がある。差別的優位性とは、超競合社会において競合他社よりも収益性を高くして、優位な立場につくための戦略である。

マイケル・ポーターは、戦略的ポジショニングこそ差別的優位性の原点であるとした。競合他社と違う土俵で、優位性をもって顧客に顧客価値を提供するのである。それがすなわち独自性である。

業務効果という同じ土俵の上で、品質、生産性、スピードを追求するのではなく、他社とは異なる土俵の上で、他社と異なる方法で顧客へ顧客価値を提供する。他社と全く別のポジションを確保することが重要である。それが戦略的ポジショニングであり、独自性である。

ポジショニングとは、企業、顧客、ブランド、業務プロセ

ス、商品、価格、販売促進、店舗、チャネル、アフターサービス、それぞれに対してとることができる。

トラウトは、ポジショニングとは「顧客の頭の中にすでにあるイメージを操作し、それを商品に結びつける」ことであるとした。

今日の情報過多社会では、顧客はたえず情報にさらされ、頭の中も情報であふれている。認知力にも記憶力にも限界がある。また、人は一度信じたものを変えることはなかなかできない。

氾濫した情報の中で選ばれるためには、独自性を打ち出さなければならない。そしてその独自性とは極めてシンプルでなければならない。ラインを増やして焦点をぼけさせるようなことは絶対に避けなければならない。

フォーカスするのである。

独自性をはっきりさせ、ブランド化することにより、差別的優位性が確立できる。

人々は、他人が買うものを信用する。それは、多くの人が買う商品やサービスは安心できると考えるからだ。買い物につきもののリスクを回避できると考えるのである。一度、ブランド力を築けば、そのポジションは簡単に失われることはない。顧客に常に意識してもらえる存在になれば、それがカスタマー・ロイヤリティを得る最善の方法となる。

差別的優位性の要件としては、下記の要件が実質的に含まれていることが望ましい。

(1) 特定の分野での専門性がある

(2) 内容はシンプルで理解しやすく、納得しやすい

(3) 競合他社と違いがある、競合他社とは違う活動、違う
土俵で戦っている

(4) 競合他社より収益性が高い

　特定の分野に専門特化し、シンプルであり、顧客に競合他社とは違うことが明白にわかること、そして、できるならば高価格の商品やサービスを提案できることが優位性となる。

　低価格であっても、利益を上げられるローコスト・オペレーションが実現できれば、差別的優位性を確立できる。

経営戦略および競争戦略

12

３つの戦略的ポジショニング構築法

特化するか、

層まるごと対応するか、

顧客へのアプローチを独自にするか、

３つの軸から差別化を。

他社とは異なる土俵で、他社とは異なる方法によって、顧客へ顧客価値を提供する。それが戦略的ポジショニングである。

　マイケル・ポーターは、その本質は活動にあるとし、

　・競合他社とは「異なる」活動を行う
　・類似の活動を「異なる方法」で行う

の2種類があるとした。また、そのための具体的な軸として以下の3種類をあげている。

(1)　バラエティ・ベース・ポジショニング

　ある業界の製品や、サービスの一部を提供することで、ポジショニングする。

　顧客セグメントではなく、さまざまな種類の製品やサービスから選択し、それに基づいてポジショニングする。業界内で最も優れた製品やサービスを提供できるのであれば、高価格であっても受け入れられる。

(2)　ニーズ・ベース・ポジショニング

　あるセグメントの顧客グループをターゲッティングするが、そのニーズのほとんど、あるいはすべてに対応するものである。これはニーズがさまざまに異なる顧客グループが存在する場合に可能であり、多様なニーズに応えるために、それにふさわしい活動を組み合わせることが最善と考えられる。

(3)　アクセス・ベース・ポジショニング

アクセスの方法の違いによって、顧客をセグメンテーションすることである。

　ニーズは他の顧客と同じでも、どのような活動を組み合わせれば顧客にアプローチできるのか、その方法を通常とは異なる活動システムにより実現する。

　これら３種類はお互いに排他的ではなく、重なる部分は多い。

7章

組織構造

~組織力を高めるために~

組織構造

1

よい組織を作るための11の指標

ドラッカーが指摘するように、
よい組織は基幹活動を支え、
悪い組織は間違った成果を生む。
指標に沿った組織作りが求められる。

ドラッカーは、マネジメントの観点から、組織のあり方についてはまだまだ進化の余地があると述べている。そして、組織について、トップマネジメントとして留意すべき事項を次のようにあげている。

(1) よい組織かどうかを判断する

- よい組織は勝手にはでき上がらない
- 勝手に変化すれば、混乱、摩擦、間違った成果を生じる組織になる

(2) 悪い組織の兆候を見逃さない

以下の兆候が現れれば、悪い組織になりかけている。

- 組織階層が多すぎる
- 組織上の問題が頻繁に発生する
- 基幹要員の関心を、重要でない問題や、的外れの問題に向けさせてしまう
- 大勢の人間を集める会議が頻繁に開かれる
- 人の感情や好き嫌いに気を使うようになる
- 調整役や補佐役など、実際の仕事をしない人達を必要とするようになる

(3) スパン・オブ・コントロールを意識する

スパン・オブ・コントロールとは、1人の上司が直接、管理できる人数のことを指す。通常は5～7人程度とされるが、たとえば、

・労働集約企業

・知識労働者を主とする企業

・作業労働者を主とする企業

のように企業や業務の形態で大きく変わる。

　自社の各部門の適切なスパン・オブ・コントロールを把握しておくことで、人数を絞り込んだり増やしたりする調整が可能になる。

⑷　組織についてのニーズを把握する

　現実に組織を作るには、以下のように進める。

　まず、企業のミッションと戦略によって定まる基幹活動を念頭に、組織単位を設計する。優れた組織構造とは、基幹活動が成果を上げる構造である。同時に誰がどのような権限を持ち、責任を負うのかも定める。

　また、仕事の内容によって組織を分ける。特に、下記の業務はそれぞれ別個の組織とする必要がある。

・現業の仕事

・イノベーションの仕事

・トップマネジメントの仕事

・上記以外の通常業務の仕事

⑸　組織の基本形態を定める

　ドラッカーは以下の5つを組織の基本形態としている。

①職能別組織

②チーム型組織

③連邦分権組織

④擬似分権組織

⑤システム型組織

　たとえば、同じメーカーであっても、製造する製品の数や企業の規模によって組織の基本形態は変わる。製造する製品が単一の中小メーカーにとっては、職能別組織が最高の組織構造となる。また、いくつもの事業部門が複雑に関係し合った大規模なメーカーであれば、各事業部門を連邦的に運営する分権組織が最適となる。現実に世界中の大企業の組織のモデルとなっている。

⑹　組織の構造は戦略に従う

　組織の構造は、企業が目的を達成するための手段である。目的と戦略が、組織構造を決める。

　戦略とは、「われわれの事業は何か、事業は何になるか、事業は何であるべきか」との問いへの答えである(ドラッカー)。

　組織構造を決めるのは戦略である。組織の基幹活動を決めるのも戦略である。

　基幹活動が成果を上げることを第一義とし、ほかの活動は二義的として組織構造を作る。

⑺　基幹活動を分析する

　組織で最も重荷を担う部分が基幹活動であり、それに沿っ

て組織を設計すべきである。ドラッカーは、基幹活動を最も適切な形で支える組織であるために、以下のように問いかけている。

① 「組織の目的を達成するには、いかなる分野において卓越性が必要か」

　ドラッカーは２つの企業の商品試験部の位置づけの違いを例にあげている。

　ある企業の商品試験部は、仕入れた商品をテストすることだけが役割だ。購買の権限は商品を仕入れる部門の担当者にあり、商品試験部はあくまで補完的な位置づけにある。

　だが、もうひとつの企業の商品試験部では、開発する商品を決めたり、テストしたり、生産数を決めるなどの権限が与えられ、組織の中核に位置づけられていた。その企業が使命として「労働者階級に上流階級の商品を提供する」という革新的理念を持っていたためだ。

　企業の基幹活動のとらえ方によって、どの分野のどの部署を重視するかが変わるのである。

② 「いかなる分野において、成果が上がらない時に深刻な打撃となるか」

　逆に、企業の基幹活動を最優先するために、どの分野のどの部署を軽視してはいけないのか。

　多くの証券会社はバックオフィスの重要性を軽視して倒産した。１社だけがバックオフィスの重要性を認識し、充実さ

せて生き残り、顧客の信頼を得た。

③我が社にとって、重要な価値は何か、を再確認する

　何が、自社にとって重要な価値か。それは、製品や工程の安全性かもしれない。製品の品質でもあり得る。それらを重視するために必要な活動について、組織的な裏づけを行わなければならない。自社にとって重要な価値を重視し、責任を負う組織を作る。

④「関心を向けるべきは、組織の目標の達成と戦略の成功に欠くことのできない活動に対してである」

　基幹活動こそ、まず認識し、規定し、組織し、中心に置かなければならない。だが、歴史のある企業は、基幹活動分析が不十分な場合が多い。かつて重要だったが、今日では意味を失っている活動はないだろうか。また、組織の分類の仕方が意味を失っていることはないだろうか。

　急成長を始めた事業でも同様のことは言える。戦略を変えれば、必ず組織構造分析をし直す必要がある。

　市場や技術の変化、多角化、目標の修正のいずれかがあれば、基幹活動について新しく分析し直し、基幹活動に対応して組織構造を変更することが不可欠である。逆に言えば戦略の変更なしに、組織改革を行うことは間違いである。

⑻　各活動について貢献分析をする

　いずれの活動を一緒にし、いずれの活動を分けることが成

果を上げることになるのか、貢献分析をする。

①成果を上げるための活動かどうか

②成果を実現するための支援活動かどうか

③成果活動に必要な情報活動かどうか

④組織卓越活動かどうか

⑤基幹活動に対する助言活動かどうか

⑼　決定分析をする

　成果を手にするには、いかなる決定が必要かを判断する。

①それらの決定はいかなる種類の決定か

②それらの意思決定をいかなるレベルで行うか

③いかなる活動がそれらの決定に関係あるか

④いかなる活動が影響を受けるか

⑤いかなる部分のマネジメントが、いかなる決定に参加し、
　相談を受け、あるいは決定の結果を知らさなければならな
　いか

⑽　関係分析

　以下を考えながら、組織内における相互関係について検討
する。

①どこの誰と協力して働かなければならないか

②どこの誰に対して、いかなる種類の貢献を行わなければな
　らないか

③どこの誰からいかなる種類の貢献を受けることができるの
　か

8章

企業会計

~企業の真の姿を把握する~

企業会計

1

決算書を
読むための
事前知識

決算書を読み込めば、
企業の過去の実態を知ることができる。

企業会計の目的は、企業のステークホルダーに、企業の経営成績および、財政状態を決算書により報告することである。企業の実態を表すのが、決算書である。決算書を読むために、会計原理を理解する必要がある。

⑴　損益計算書（P/L）は利益計算技術による諸利益構造書である

①事業が世のため社会のためになっているかのバロメーターが売上であり、利益である。

②成果としての利益は顧客本位かどうかの測定値である。

③売上総利益、営業利益、経常利益（または損失）、当期利益（または損失）構造である。

⑵　貸借対照表（B/S）は資金の調達と運用の説明書である

①資金が、どこから調達され、どのように運用されたのかを表示している。

②調達資金の返済期限を明示。

③運用資産の資金回収期限を明示。

⑶　決算書の勘定科目が会計規則に定義されているのは、経営分析を意義あるものとし、経営の実態把握を可能とするための共通ルールである

①流動性配列法、②1イヤールール、③営業循環基準

⑷ 計数管理には以下のような役割がある

- ・費用、収益は発生、実現により計数管理する
- ・予算と実績の経営管理
- ・資金繰りは、資金収入、資金支出
- ・資産および負債の管理
- ・借入金および金利の管理
- ・売上債権の年齢調査、棚卸資産管理
- ・企業リスクの管理
- ・保険の付保状況

⑸ 決算書を読む際は以下に留意する

①修正流動比率

　　流動比率を修正する。不良在庫、不良債権などの不良資産および固定運転資金を計算し、修正する。

②B/S貸借同額アップ

　　不用借入金数値による混乱を排除するためのもの。金融機関等の借入要請により借入し、同額を定期にした場合、経営実態は変わらないが、経営分析値には大きな影響を与える。その結果、経営分析数値を混乱させ、翌期の数値との比較には使用できない。

⑹ 経営実態を読むため、以下の修正が必要である

①役員借入金は実質的には自己資本である。ある時払いの催促なし。

②固定運転資金{(売掛金＋受取手形)－(買掛金＋支払手形)}

と資金調達および回転差資金｛（売上債権回転率）－（仕入債務回転率）｝×日商を理解する。

③決算月により、分析数値は変動する。業界標準と比較できないケースがある。特に、季節変動事業(冬期決算期か夏期決算期かにより分析数値が変動)は同一企業でも、経営分析数値の違いは顕著である。

④回転率：3カ月、4カ月、6カ月など、年の中途で回転率を計算すると解釈を誤る。

　年間計算でないと、分析値を誤認する。そういう意味で、期中回転率は傾向値である。

⑤経営分析は(i)業界標準数値との比較、(ii)自社数期経営分析数値との比較をすることで、差異分析する。

【図表11】 決算書を読む
　　　　　貸借対照表（B/S）と損益計算書（P/L）の構造を把握する

運用		⇐	調達
Ⅰ流動資産	200	Ⅲ流動負債	100
（うち売掛金50棚卸10）		Ⅳ固定負債	700
Ⅱ固定資産	1.100	（うち長期借入金600）	
有形固定資産		Ⅴ自己資本	500
無形固定資産		（当期利益160）	
	1.300		1.300

経営分析に入る前にすること

(1) 売掛債権 ┐
　　不良債権 ┘ 年齢調査

　　在庫 ┐
　　不良在庫 ┘ 実質調査

　　商品回転率、売掛債権回転率

(2) 固定資産の利用状況
　　未稼動検討
　　売却損→節税、キャッシュフロー

(3) 回転率は年計算による比較
　　回転率、季節変動あり
　　ex.飲料系企業

(4) 不良在庫整理
　　季節変動
　　企業比較における要注意
　　適正利益算定の基本

(5) 改善目標
　　年売上高×1/12以上を目標

(6) 営業担当者知識
　　売掛金回収期限の早期化

(7) 自己資本の増加方法
　　①増資
　　②利益の蓄積

貸借対照表のポイント

(1) 流動比率

$$= \frac{\text{流動資産　200}}{\text{流動負債　100}} \times 100\% = 200\%$$

(2) 固定長期適合率

$$= \frac{\text{固定資産　1,100}}{\substack{\text{長期借入金＋自己資本} \\ (600+500)}} \times 100\% = 100\%$$

(3) 売上債権回転率より回収日数計算

$$= \frac{\text{売上高}}{\text{売上債権}} = \frac{500}{50} = 10回$$

$$売掛金回収日数 = \frac{365}{10回} = 36日$$

(4) 商品回転率より、在庫日数計算

$$= \frac{\text{売上高}}{\text{商品}} = \frac{500}{10} = 50回$$

$$商品在庫日数 = \frac{365}{50} = 7日$$

(5) 現金預金回転率
　　最低保有現・預金：1カ月売上高

(6) 回収日数 ＜支払い日数：キャッシュフローを目標
　　キャッシュフローは血流である
　　黒字倒産　　回収不能売掛債権
　　売却不能商品　　法人税課税
　　→血流ストップ

(7) 税引後利益の増加または増資

売上	500
売上原価	300
売上総利益	200
販管費	100
営業利益	100
営業外損益	50
経常利益	150
特別損益	10
当期利益	160

損益計算書のポイント

(1) 商品荒利益加重平均値
　　①商品分類　②ロスの削減
　　③値入率　　④交差比率　⑤制約条件当り利益

(1) 売上高総利益率

(2) 販管費の検討
　　①人件費　②管理可能費
　　③管理不能費　④変動費　⑤固定費

(2) 売上高営業利益率

(3) 営業外損益の検討
　　①雑収入　②支払利息利率の検討

(3) 売上高経常利益率

(4) 特別損益の検討
　　臨時損益

(4) 売上高当期利益率

(5) 固定費の削減
　　及び変動費率の引下げ

(5) 損益分岐点売上

$$= \frac{固定費}{1-変動費率}$$

(6) 価格交渉力ではなく
　　システムによりローコスト化
　　①大量仕入　②セルフ　③F.C　④中古利用
　　⑤インターネット利用

(6) ローコスト・オペレーション

(7) 経営効率
　①パレートの法則
　：重点管理
　(i)得意先管理
　(ii)商品管理

③労働分配率＝$\dfrac{労務費}{付加価値}$

(7) 経営生産性

②回転率
　(i)商品回転率
　(ii)売掛債権回転率
　(iii)有形固定資産回転率
　(iv)経営資本回転率

④労働生産性＝$\dfrac{付加価値}{労務費}$

企業会計

2

経営分析は
会社の体力測定、
健康診断

企業の健全性を測る指標を知れば、
危機を回避することができる。

経営分析は会社の健康診断である。200年企業となるために十分な体力があるのか、成人病はないのか、血液の流れにあたるキャッシュフローは十分か、などの健康診断や体力測定をする必要がある。企業の健全性を測る指標の意味を知り、絶えずチェックすることで、危機を回避することができる。

(1) 売上債権回転率、棚卸資産回転率

流動比率にも影響するところであるが、売掛債権の回収状況を表す売掛債権回転率、在庫管理状況を表す棚卸資産の回転率は、ミドル・マネジャーが日々管理していないと、回収不能債権、デッドストックが発生する。

支払債務についても、支払日数を管理せず、請求されると即支払をしていると、キャッシュフローが逼迫する。

また、[365÷回転率] により、売掛金収入日数、在庫日数、買掛金支払日数が計算できる。

キャッシュフローをタイトにしないためには、収入日数を短くし、支払日数を長くすることが原則である。この原則に留意しないと「勘定合って銭足らず」ということになる。最悪、黒字倒産となる。

以前に、建築金物を販売している会社から、資金繰りがたいへんなので経営分析をしてほしいという依頼を受けた。分析したところ原因はすぐに判明した。

その会社の仕入先は上場企業の建築金物メーカーで、月末締、翌月末支払である。一方、売上は、地元の工務店からで、6カ月〜12カ月先の月末であった。

売れば売るほど支払いが先行する。原則とは真逆なプロセスであり、資金繰りが逼迫するのは当然だった。

⑵　売上高成長率

　企業が「存続と発展」するためには、人で言えば成熟しなければならない。人の身長が伸びるように、売上高成長率が伸び、さらに収益力も向上していることが望ましい。

　このことを可能にするためには、イノベーション、商品ライフサイクル、新商品開発、マーケティング、および、新市場開拓を常に意識して経営することである。

　これらを指摘したのが、戦略論の父と呼ばれるイゴール・アンゾフやドラッカーだ。アンゾフは、商品・市場というマトリックスにより、ドラッカーは、マネジメントによる成果を実現するものとして、マーケティングとイノベーションを重視した。

　売上高という指標は、K.G.I.（重要目標達成指標）——最終目標の指標である。いくら改善しようとしてもこれ自体を直接変えることはできない。

　この指標を改善するためには、K.G.I.に至るまでの先行指標であるK.P.I.（重要業績評価指標）に注目し、対応しなければならない。

　たとえば、売上高はK.G.I.である。売上高を増加させるためには、K.P.I.としての新規顧客の開拓、新市場開拓、商品品揃の充実、新商品開発などを実施しなければならない。K.G.I.である売上高はK.P.I.という目標を実施した後、成果と

して実現する。

⑶　固定長期適合率

固定長期適合率とは、長期資金により、固定資産をどれほど取得しているのかを示す指標である。100％を割っていれば健全だが、そうでなければ不健全であり、一般に高ければ数年後に倒産の可能性すらある。

健全性を高めるためには、借入金は長期化し、自己資本を高めることである。自己資本を高めるためには、自助努力により税引後利益を極大化する。

節税対策とは、たとえば返戻金のある保険のようにリスクにも対応でき、かつ次期以降にキャッシュとして戻るもの、固定資産については、遊休資産や含み損のある投資有価証券がある場合には処分して、身軽になるようにする。節税にもキャッシュフローにも貢献する。

１億円を借入し、１億年で返済しようとすれば、毎年１円ずつ返済すればよいので、誰でも借入れできる。だが、１年で１億円返済することは不可能である（江成の１億円理論）。

借入期間はできるだけ長期にする。ただし金利が発生するので、返済資金が留保できたら、その都度、早期に返済をする。キャッシュフローに常に余裕を持つことが肝心である。

⑷　流動比率

一般的に、流動比率が100％を割っている状態では、１〜２年内に倒産する可能性が高い。ただし、例外的に、日銭が入

り、仕入支払が2カ月後という業態では、100％を割っていても経営を維持できる場合がある。スーパーマーケットや旅館などは生存する可能が大である。

　流動比率は、流動資産の内容を吟味しないと正反対の結論になる。

　流動比率（流動資産／流動負債）の算式からわかるように、分子の流動資産に回収不能売掛金や売却不能な不良在庫が含まれていても、数値は高くなり優良企業に見える。経営分析の落し穴である。

　この誤りを避けるためには、売掛金の回収状況、長期異常在庫の発見、売掛債権回転率、棚卸資産回転率が過去と比べて変化していないか検証する必要がある。

　さらに、流動比率の妥当性を高めるためには、売掛債権の年齢調べや、担当者以外の棚卸資産の現品確認、実在性の検証をすることが必要である。

(5)　節税と浪費を区別する

　以前、ある経営者は、借入金の利息を支払えば利益が減り、その結果、税金が減って節税になると考えていた。このように浪費を節税と誤認している経営者は少なくない。

　私は、預金を切り崩してでも、借入金の返済をしたほうがよいと、アドバイスした。預金によって受け取れる利息はほとんどないが、借入金の利息は高く、そちらが軽減されるほうが会社経営にとっては健全だからだ。

　このような誤解をしたまま、5年、10年と経営を続ければ、

会社は間違いなく弱体化する。真の節税とは何かを真剣に考える必要がある。節税と浪費とをきっちりと区別しなければならない。

経営分析は会社の体力測定、健康診断である。会社の体力が健全か、あるいは考え方が健全かどうかを診断してくれる。

経営するということは、顧客を明確にし、顧客価値を実現することであり、売上高を増大させ、経費を節約し、十分に節税することにより、税引後利益が極大化することである。

税引後利益は自己資本を増大させ、自己資本比率を高めることを通して、経営の安定化につながり、企業を倒産から遠ざけられる。企業を永続組織とするために、経営者は常に会社の健康に留意する必要がある。

[図表12] 経営分析

	比　　率	比率の意味
(1) 安全性	流動比率 ＝ $\dfrac{流動資産}{流動負債}$ ×100%	短期資金流動性を表し、1～2年内の倒産リスクがわかる
	固定長期適合率 ＝ $\dfrac{固定資産}{自己資本＋長期借入金}$ ×100%	中期資金流動性を表し、2～3年内の倒産リスクがわかる
(2) 活動性	売上債権回転率 ＝ $\dfrac{売上高}{売上債権}$ ＝12回	日数換算されると対応できる 365日÷12回＝30日:回収日数がわかる
	商品回転率 ＝ $\dfrac{売上高}{商品}$ ＝4回	365日÷4回＝91日:在庫日数がわかる
(3) 収益性	経営資本利益率 ＝ $\dfrac{税引前利益}{経営資本}$ ×100% ＝ $\dfrac{売上高}{経営資本}$ × $\dfrac{税引前利益}{売上高}$ ×100%	投資に対する収益率 経営資本回転率と売上高利益率に分解できる
(4) 損益分岐点	損益分岐点売上高 ＝ $\dfrac{固定費}{1－変動費率}$	損益分岐点売上高がわかる 月次売上目標を設定する

企業会計

3

経営者のための
キャッシュフロー
速算法

キャッシュフローを把握できる
経営指標をチェックすれば、
黒字倒産は避けることができる。

キャッシュフローとは、企業経営における資金の流れである。人間にとっては血流であり、途切れれば企業は黒字でも倒産する。理念経営と同様、企業経営者が常に留意しなければならないことである。

　収入日数を短くし、支出日数をより長くすれば、キャッシュフローが途切れることを防ぐことができる。経営者にとってはもちろん、実際に各企業と取引を行っている営業担当者と、その意義をよく話し合うことが大切である。

⑴　キャッシュフローを把握するための指標

①売掛債権回転率、棚卸資産回転率、買掛債務回転率をチェックすることで、キャッシュフローを把握することができる。また、365／各回転率により日数計算も可能になる。

②収入日数、支出日数によるチェックからスタートし、不良債権、不良在庫の調査、および固定運転資金を考慮して修正流動比率を算出する。固定運転資金とは、売掛債権と商品在庫を加算したものから、買掛債務を控除した金額である。

　流動比率のチェックを怠らないことで、キャッシュフロー悪化による倒産の危機を回避できる。また、流動比率を求める際、流動資産に不良債権や不良在庫が含まれていないか留意する。不良資産が含まれたまま計算すると数値は高まり、優良企業と誤認し、判断を誤る。

③自己資本比率は実質的に考える。たとえば同族関係者借入金は借入金から除外し、資本金に含める。

④固定資産と固定負債とのバランスを見る。または、自己資本と長期借入金の合計に対する固定資産の割合＝固定長期適合率を見る。数値が低いほど安全性は高い。

⑤固定運転資金を、実態値と理論値の計算により修正する。
固定運転資金（実態値）＝{（売掛債権＋商品）－買掛債務}
（②で既述）
固定運転資金（理論値）＝a+b-c＝日数
日数×d＝理論固定運転資金
a、b、c、dはそれぞれ以下を指す。
a：365÷債権回転率＝債権回転日数
b：365÷商品回転率＝商品回転日数
c：365÷仕入債務回転率＝仕入債務支払日数
d：日商＝年間売上÷365

⑵　黒字倒産しないために

　「経営分析は会社の体力測定、健康診断」の項で紹介した企業のように、営業が好調でも、収入日数＞支払日数ならば資金繰りに窮してしまい、最悪、黒字倒産になりかねない。この企業は、仕入先には決済の長期化を、売上先には回収日数の短縮を依頼し、危機を乗り越えることができた。
　黒字倒産を避けるためには、次のような対策が必要となる。

①収入日数＜支払日数を目標とし改善をする。

②固定運転資金＋設備投資額の必要資金を計算し、まず、自社内で資金調達を試みる。

③不足する場合は増資をし、それでも不足額があれば銀行から長期資金の融資を受ける。

④荒利益率を改善し、収益力を高める。

⑤新商品を導入し、売上高を増加させる。

(3) 経営者のためのキャッシュフロー速算法

　流動資産の2期増減、流動負債の2期増減との差を算定し、運転資金を概算計算する簡便法である。

　貸借対照表（B/S）より、流動資産について前期と今期を比較し、算出する（A）。流動負債について、前期と今期を比較し、算出する（B）。

　（A）－（B）が当期運転資金増または減である。

　このようなケースの場合には、通常、流動比率は昨年より改善または、悪化している。

企業会計

4

経営者のための
キャッシュフロー

キャッシュフローは、
資金源と運用面の
２つの面からアプローチできる。

キャッシュフローが途絶えることがわかっていれば調達する必要がある。資金源と運用面の2つの面から取り組むことが可能だ。

(1) 資金の源泉は主に2つ

企業経営における本源的な資金の源泉とは、ひとつが、経済的成果である税引後利益と減価償却費、もうひとつが、経営者の資金管理視点から行われる増資、および、借入金による人為的資金調達である。

増資は中小企業の場合、経営権などの配慮により、オーナーまたはオーナーの一族より募集される。これに対して長期借入金は、一般的には、オーナーまたはオーナーの一族の信用により金融機関より調達される。

(2) 資金の運用

①運転資金の確保のために

(i) 売掛債権、および商・製品在庫と支払債務のバランスを考える。会社設立時には、設備投資額とともに、売掛債権、商・製品在庫など、仕入債務などを、固定費運転資金として資本金算定の際に考慮する必要がある。

(ii) 短期資金繰りの安全性は流動比率により算定されるが、借入金を長期借入金にするか、短期借入金にするかの意思決定により、改善できる。また、日銭の入るスーパーマーケット、旅館などの業態以外は流動比率は100%を割ると

倒産のサインであるといわれる。

②固定資産の確保のために

（ⅰ）投資資産

　投資資産は留保利益からすべきで、特に投資有価証券については余裕資金によることを原則とすべきである。

（ⅱ）有形固定資産

　一般的には、付加価値を高度化するために設備投資をする。意図通りならばよいが、現実には有効利用されず、未稼働資産となれば損失を生じてしまう場合がある。

　固定資産が有効活用されているかどうか。毎期、有形固定資産の利用状況を確認し、検討する必要がある。

　また、固定資産が不足する場合には、長期借入金、増資なども考える必要がある。

　固定長期適合率は、数年後の倒産の可能性を表しているといわれる。例外的に、売上が日銭で入り、仕入の支払いが1、2カ月後というスーパーマーケットや旅館・ホテルのような業態は、キャッシュが留保されるので、この比率が100％を割っていても問題ない場合がある。

企業会計

5

経営者のための
月次損益速算法

簡単な計算で
月次損益の概算を
つかむことができる。
数字に強い経営者への第一歩だ。

月にどれほどの売上が上がっているのか、利益が得られているのか、を知らない経営者は意外に多い。簡単な計算により概算利益をつかむことができる。

　月次決算の目的は、過去１カ月の経営実績を振り返ることである。年度決算と同じレベルの正確さは不要であり、数字は概算で構わない。必要なのはスピード感だ。以下、その方法を紹介する。

　１年前の実績として年間損益分岐点売上高が1200円、限界利益率が60％、年額固定費が720円とわかっている場合、月に150円の売上を上げた際の推定利益はいくらになるのか？理解しやすくするために数字は小さくしたが、大きくなっても計算方法は同じである。

条件1　年間損益分岐点売上高 $= \dfrac{720}{0.6} = 1200$円

$$\text{月次損益分岐点売上} = \dfrac{\overset{1200}{\overset{\text{（年間損益分岐点売上高）}}{}}}{12} = 100\text{円}$$

条件2　限界利益率＝60％：変動費比率＝40％

条件3　月額固定費（720円／年）× $\dfrac{1}{12}$ ＝ 60円

(1) 当月実際売上高が月次損益分岐点売上高を超えた場合
   （売上高150円）

   月次損益分岐点超過額＝

   当月実際売上高－月次損益分岐点売上高＝50円

        150円   100円

   当月推定利益＝

   月次損益分岐点売上超過額×限界利益率＝当月推定利益

      50円×0.6＝30円

   要は、月次損益分岐点売上超過額に限界利益率を掛ける
   と、概算月次利益が算定される。

(2) 当月実際売上高が月次損益分岐点売上高以下の場合
   （売上高60円）

   当月推定損失＝

   当月実際売上高×限界利益率－月額固定費

      60円×0.6－60円＝36－60＝△24円

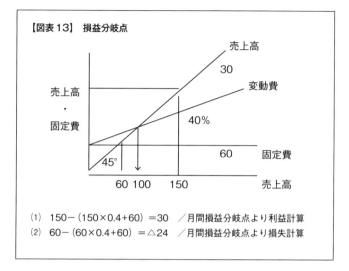

9章

企業文化

~意識して作ることの大切さ~

企業文化

1

好ましい企業文化を醸成するために

意識して作らなければ、
企業にとって好ましい
企業文化は醸成できない。

会社は一見するとどこも同じように見えるが、そこに流れる文化は全く違う。企業も究極的には人の集団である。企業によって、所属する人間のエネルギーの発生のさせ方、方向づけ、エネルギーの質、エネルギーの量、会社の歴史、価値観、経営理念にミッションなどが全く異なるためだろう。特にリーダーシップの影響は大きい。

(1) 企業文化とは

業種・業態が同じでも企業実体が異なるのは、それぞれの企業ごとに経営者も経営管理者も異なるためである。企業の風土・文化が異なるのである。

アメリカの心理学者、E.H.シャインは、「『文化』とは、過去の成功に至るまでの考え方、感じ方、世の中に対する認識など、グループが学び蓄積したものを表象するもの」と語った。組織が何をしようとしているかで文化は大きく変わる。また、ドラッカーは、「目標管理は何を為すべきかを教えるが、実際に為さしめるものは組織の文化である」と語った。

どこの会社でも、経営理念や経営行動からそれぞれの会社らしさが生じる。常にコンプライアンスを意識する企業もあれば、売上に関心を持つ企業、新製品開発に関心を持つ企業、一度決めたら必ず実現する企業など、文化もいろいろである。そして、それぞれの企業文化は、必ずしも会社にとって好ましいものになっていないケースもある。

(2) 好ましい企業文化を作るために

組織論はフォーマルな行動様式を求める。だが、組織は人の集まりであるため、そこに所属する個々人がどのような考え方をし、行動様式を持つかによって、組織行動は異なってくる。そしてそこにはインフォーマルな行動様式もあり、企業にとって好ましい企業文化を定着、維持、発展させることが重要である。

(3) 3つの文化レベル

E.H.シャインによれば、文化にはレベルがあるとしている。

レベル1：目に見えるもの

レベル2：無形のもので価値観、戦略などを指すとされている

レベル3：企業の背後に潜むもの：会社の歴史、創業者の価値観

これらは分離しているのではなく、重層的に構築されている。また、歴史的に変化し、多様に広がっている。

(4) 企業文化はどこにあるのか

組織としての企業行動の原点として無意識、あるいは意識の底にあるものである。特にメーカーの場合には、それぞれの企業の価値観、モットー、社是などにより長い間組織に沈着した考え方が研究開発に発現する。

創業当初のソニーは、「技術のソニー」、「世界のソニー」を掲げて、ウォークマンを生み出した。他社の真似ではない

本質的な「絶対価値」を求めるホンダは、オートバイから自動車、ロボット、さらにジェット機までも開発した。東レの「科学による革新と創造」の精神は、ヒートテックやカーボン繊維などの画期的商品を生み出した。

⑸　企業文化へ好ましい影響をもたらす、各部門が持つべきミッションと、価値観、信念、思考、意識（〔〕内がミッション、：そのほかは価値観など）

①営業部〔全社員が生活できる原資の確保〕：必達意思力、責圧感、危機感、気づき、感謝、顧客本位

②総務部〔会社全体の生産性〕：公平感、機会均等、ムリ、無駄、ムラをなくす

③研究開発部〔絶対価値の創造〕：忍耐力、ユニーク力、自己実現

④生産部〔TQC、DQC※〕：時間意識、効率、生産性

（※TQC——全社的品質管理、DQC——デリバリー、品質、コスト）

　また、会社全体としては、家訓、経営理念、ミッション、ビジョンなどに、社会的責任、コンプライアンスをはじめ、倫理観や職業奉仕、自己実現、市場機会獲得、業務の卓越性、顧客本位、顧客満足、時間意識などを明確に謳うようにする。

⑹　好ましい価値観の醸成

　基本的には、好ましい企業文化は自然に醸成されるのが望

ましい。だが、企業は、経営者をはじめ経営管理者、社員という人の集団であり、企業の歴史や過去の事件などの存在により、必ずしも好ましい企業文化が醸成されるわけではない。好ましい企業文化は、意識的に構築する必要がある。

(7) 好ましい企業文化の構築

①家訓および経営理念を常に経営行動の判断基準とする。

②ミッション、ビジョンは経営行動を実践するに際して、常に背中にしょっていることを意識する。

③仕事は、常に1ランク上の強度のある目標にチャレンジする仕組みと成果評価指標を具備する。優れた仕事にチャレンジする精神を醸成する。

④仕事は常に社会に貢献するものであること、社会的責任をともなうことを意識して行う。やっていいこと、悪いことを明確にし、常にコンプライアンスを意識する。

⑤日々、職業を一生懸命行うことが社会や顧客に対する貢献であると認識する。プロフェッショナル意識を醸成する。

⑥仕事は組織で行うものなので、チーム力を発揮するため相互の信頼関係、協力関係、リーダーシップ、フォロワーシップ、コミュニケーションをより高度化する。常にリーダーシップ、フォロワーシップ、コミュニケーションを意識し、歴史的遺産として残す。

⑦社内の出来事について、好ましいものはその後に引き継ぎ継続する。

⑧廃業、倒産企業事例を検討する。危機感を醸成する。

⑨常に強みを発揮させる組織編成をする。人の強みを評価する習慣の醸成と公平な人事を真摯に行う。

⑩業務期限までに実現する達成意欲を持つ。達成意欲を醸成する。

⑪上司・部下間、同僚間において、正直であることを心がける。

⑫有能な人材、優良な業績は組織として顕彰する。

10章

成 果

~顧客をいかによく変化させ導くか~

成果

1

成果の真の意味を知り、測定を

顧客にも社会にもよい
変化をもたらすことが、
企業にとっての真の成果である。

成果とは何だろうか？　ドラッカーは、以下のように教えてくれる。

(1) 顧客や社会のよい変化こそ成果

事業の目的は「顧客の創造」である。企業は、ミッションのもと顧客を特定し、顧客に顧客価値を提供し、顧客に満足してもらう。家訓、経営理念、ミッション、ビジョン、目的、目標の実現の結果、社会、顧客は好ましい状態に変わる。顧客を好ましい状態に変化させることこそ成果である。

(2) 経済的成果は結果に過ぎない

顧客を好ましい状態に変化させ、顧客を満足させることができれば、それが企業の売上となる。企業にとって売上は、経済的成果である。顧客満足のメルクマールである。

(3) 成果を生むのは、マーケティングとイノベーション

企業の経営資源を集中し、ミッションを実現するため、マーケティングとイノベーションにより成果を実現する。マーケティングとイノベーションにより、「顧客の創造」をし、充足されていない欲求を充足させる。

・マーケティング

マーケティングとは顧客のニーズをとらえ、顧客価値として、顧客に提供することである。潜在需要（欲求）があれば、有効需要へ転換し、市場を誕生させる。マーケティ

ングは、企業の第一の機能である。真のマーケティングは、顧客からスタートする。顧客の欲求、現実、価値に注目する。マーケティングの目的は、顧客を理解し、製品・サービスを顧客ニーズに合わせ、自ら売れるようにすることである。

我々は「何を売りたいか」ではなく、顧客は「何を買いたい」か。「我々の製品・サービスにできることはこれである」と提示するのではなく、「顧客が価値ありとし、必要とし、求めている満足がこれである」ものを探し、開発する。

企業の目的は「顧客の欲求の満足」であり、顧客への貢献に収入の基盤が置かれる。企業は、マーケティングを活動の中心に置かざるを得なくなる。

マーケティング目標は、ひとつではなく複数存在する。これらは事業をどこに集中すべきなのか、その目標と、市場地位の目標を決めた後に決定する。

1. 既存市場における既存製品についての目標　2. 既存製品の廃棄目標　3. 既存市場における新製品についての目標　4. 新市場についての目標　5. 流通チャネルについての目標　6. アフターサービスについての目標　7. 信用供与についての目標である。

・イノベーション

イノベーションは、現在より、よりよいものを顧客に提供することにより、実現する。たとえ欲求が存在しなくと

も、イノベーションにより新しい価値を作り、提供し、広告すれば、新しい欲求を創造することができる。欲求が感じられているところへ、その欲求を満足させる手段を提供するのである。

新しい満足を生み出すイノベーションは、企業にとっての第二の機能である。ドラッカーによれば、独特のイノベーションの視点を教えてくれる。

ドラッカーは、イノベーションを生むには7つの機会が考えられると説いている。

組織ないし、産業の内部の機会として

1. 予期せぬことの生起　　カビからペニシリンの発明
2. 認識ギャップの存在　　コンテナ船、クイック床屋
3. ニーズの存在　　　　　自動交換機、電話需要
4. 産業構造の変化　　　　IT社会到来

また、組織ないし、産業の外部の機会として

5. 人口構造の変化　　　　高齢者増、人口減少
6. 認識の変化　　　　　　病院へ行く意識の変化
7. 新しい知識の出現　　　発明、発見

⑷　成果をどのように測定するか

それでは成果はどのように測定すればよいのだろうか？

定性的な成果とは、目標顧客を特定し、顧客に顧客価値を提供し、顧客が満足する商品や顧客が企業への信頼感を増大することである。

また、定量的な成果とは、顧客価値の提供により、顧客が満足し、その結果、商品販売数の増加により売上が上がる。顧客を考え、顧客に顧客価値を提供していれば、結果として売上が上がり、利益が計上される。成果は、経済的成果指標で測定できる。

　短期成果と中・長期成果に分けて成果測定する必要がある。

①短期での測定

　短期測定は、定量的基準により測定する。具体的には、目標顧客を決定し、目標顧客が価値ありと認めるもの、好ましいと考えている状態に変化させることである。

　価格、品質、機能において、顧客が満足を得るという外部変化があるならば自社の経営上の成果は、売上高となるはずであるから、ここでも一次的には売上高、二次的には利益額が重要なシグナルとなる。目標売上高、目標利益額の実現度により評価される。

②中・長期での測定

　中・長期的成果は定量的基準および、定性的基準として売上高成長率、リピーター数、ロイヤルカスタマー数、マーケットシェア、商品の信頼度、ブランド認知度、企業信頼度、社会貢献度により測定するほかに、目標とする社会の状況を明示して、そのような社会がどのような状況になると具体的に実現したことになるのかを明示する、という成果測定もある。

11章

失敗の経営

~経営者も失敗する~

失敗の経営

1

経営破綻の要因

経営は必ずしも
常に順風満帆ということはない。
倒産の要因を分析すると、
問題は主に３種類に分けられる。

上場・非上場を問わず、過去数十年間に経営破綻した日本企業を調査すると、その要因は2つに分けることができる。

ひとつが企業内要因である。

トップマネジメント関連、商品・サービス、顧客・市場、労務、資金、土地、不動産、不合理判断、不正会計1（役員、経営者）、不正会計2（従業員）、社会的責任1（道義的責任）、社会的責任2（法律違反）、社会的責任3（反社会勢力）などである。

もうひとつが企業外要因。

自然・風水害、企業外変動1（オイルショックなど資源変動）、企業外変動2（円高・円安など為替変動）、企業外変動3（関連会社による連鎖倒産）、株式保有企業の倒産による所有株式評価額ゼロなどである。

さらにこれらは次のように整理できる。

(1) 経営課題の問題

企業はミッション実現のために経済活動を行うが、そこで経営課題が発生する。具体的には、トップマネジメント関連、商品・サービス、顧客・市場、労務、資金、土地、不動産の取引などで、不合理な判断が下されると業績不振を招く。

(2) 不正

社会的存在としての企業は、組織社会のルールの中で企業活動をしている。組織社会で生かされるためには、遵法活動が必要である。が、これが守られなかったため、倒産に至る

ケースが多い。

(3) 資金的な問題

　組織社会において組織存続の不可欠の要因は資金である。資金循環活動も不可欠の活動である。自然・風水害をはじめ企業外要因によっても、資金循環活動にダメージを受ける。

(4) 倒産へ

　これら、1.経営課題の問題、2.不正、3.資金的な問題など、基本的倒産要因（一次要因）は、支払手形の決済を不能にし、さらに借入金の返済不能、諸費用の不払など、財務的倒産要因（二次要因）を引き起こし、倒産に至る。

【図表14】 基本的な倒産要因（一次要因）

(1) **経営活動（オペレーションおよびマネジメント）の機能不全**

①環境変化対応としての経営戦略、策定、実行力不足
(ⅰ) 経営戦略の判断ミス
(ⅱ) 競合環境
(ⅲ) 政治、経済、社会、技術環境変化
②役員間の戦略不一致
③経営者の経営活動不足
④経営者資質不足
⑤経営経験不足
⑥トップマネジメントチーム力の欠如
⑦トップマネジメントチームの営業・技術のアンバランス
⑧マネジメント力の欠如
⑨目標管理制度の欠如
⑩リーダーシップ不足
⑪コミュニケーション不足
⑫モチベーション不足
⑬部門間連携不足
⑭要求水準以下の品質を提供
⑮重要スタッフ管理力不足
⑯事業転換の失敗
⑰顧客市場構造の変化
⑱市場拡大失敗
⑲ローコストオペレーション意識不十分
⑳不合理経営判断
㉑商品価格の低下
㉒社員教育制度欠如
㉓社員へのコンプライアンス教育不足
㉔内部牽制制度欠如
㉕重要顧客管理不足
㉖IT活用不足
㉗ライン組織上の指揮命令不足
㉘アンバランスな経験
㉙横領、詐欺

(2) **遵法活動および社会的責任の機能不全**

①社長のおごり（役員全員解任）
②社会的責任（経営者）欠如
③経営者の業法無知
④過剰請求、構造計算、偽造など不法行為
⑤反社会的勢力との関係取り沙汰
⑥不正会計（役員）、粉飾決算
⑦不正会計（従業員）、使い込み
⑧違法、不法行為
⑨監査役制度の機能不全
⑩緊急事態への迅速対応力欠如
⑪訴訟問題への対応力欠如
⑫取締役会の機能不全
⑬取締役の能力不足、怠慢、不注意

(3) **資金循環活動（投下資本の回収過程）の機能不全**

①担保資産価格の下落
②品傷みによる販売不能品：商品損失
③陳腐化、流行遅れによる販売不能品
④メインバンク破綻による融資不能
⑤不良債権：資金回収不能
⑥資金管理能力不足による資金調達不能
⑦立地条件の悪化による売上減
⑧価格下落による荒利益率低下
⑨商品販売数量減による稼働率の低下
⑩災害・風水害による商品、資産の損失
⑪異常インフレによる原材料高騰
⑫円高により輸出困難、円安による輸入困難
⑬経営分析（トレンド、同業標準）による自社評価なし
⑭財務戦略立案なし
⑮買収後の利益計算不能
⑯原価統制制度なし
⑰予算統制制度なし
⑱不正会計：利益操作
⑲放漫投資
⑳過大投資：巨大プロジェクト
㉑レバレッジの過大評価
㉒株式所有会社倒産により評価＝ゼロ
㉓時価大幅下落
㉔グループ会社倒産による連鎖倒産

12章

マネジメント監査

~マネジメントを本来の姿に~

マネジメント監査

1

マネジメント監査で事業定義を見直す

ドラッカーによると
第三者による
事業監査によって、
経営を客観的に見直し、
事業定義を新たにすることができる。

会計に会計監査があるように、経営にも経営監査が必要である。それがマネジメント監査である。

マネジメント監査は、家訓、経営理念、ミッション、ビジョンに基づいて経営がなされているか、経営目的である「顧客の創造」のために目標を実践しているかどうかについての監査を実施する。結果として、経済的成果があるのかも測定する。

マネジメント監査によって、事業定義が時代のニーズに対応しているのか、継続すべきか、変革すべきかが判断できるようになる。

マネジメント監査の具体的な進め方としては、以下のようになる。

(1) 事業年度開始後、毎月、各部門目標が実施、実現しているかを会社外の第三者が監査する。顧問契約している税理士事務所を経営監査機関とするのが最善である。税理士事務所も、財務数値のみならず、経営上の数値を把握し、経営実態の理解ができる。また、数値計算も早く、正確である強みもある。

(2) 監査基準は、各部門が経営計画発表会で目標とした業績数値およびターゲットである顧客に対して価値を提供できたかを測る。

(3) 目標とする業績数値およびターゲットへの実施状況を

マネジメント監査し、その結果が、監査報告として経営会議で報告され、各部門長が進捗状況についてコメントする。

(4) 上記を満たすエナリシステム経営監査3.0を利用する。経営計画発表会を開催して全社目標や部門目標を作り、それをマネジメント監査基準として、税理士事務所など、経営と計数のわかる第三者組織によるマネジメント監査を実現する。

13章

継続（経営改善）・変革

〜企業をよみがえらせる〜

継続（経営改善）・変革

1

まずは
経営成熟度診断で
自社の現状を知る

経営成熟度診断で
自社の現状を知り、
学ぶべきところは学ぶ。
そこから経営が始まる。

⑴ 意識のギャップを埋める、
　　エナリシステム・経営成熟度診断

　経営コンサルタントを導入したが、成果が得られなかった
ということはよく聞く話である。経営コンサルタントは、高
額な報酬をもらっていることもあり、最新理論を用いてベス
トの提案をしなければならないと思っている。これでもか、
これでもかというほど、クライアントに高度化した手法を提
案する。

　一方、クライアントは、そのようなコンサルタントから成
果物を受け取ると、とりあえず形が出たと安堵し、満足して
しまう。これから自らが実践しなければならないことを忘れ
てしまうのだ。

　私は多くの企業に「経営戦略はありますか」と聞いてみる。
そうすると確かに以前、コンサルタントと一緒に作った、と
いう答えが返ってくる。

　だが、それを実行に移しているかといえば、そうではない
例が多い。せっかくの成果物を、机の引き出しの奥か、ロッ
カーの隅に押し込んだままなのである。

　会社は、これほど高額な報酬の支払いをしたのだから、経
営戦略の立案後もコンサルタントが自動操縦してくれる、会
社は何もする必要がないと思い込んでいる。

　本来、会社がチャレンジして達成しなければならない目標
であっても、まるで自然の成り行きで実現するように誤認し
てしまうのである。

　エナリシステムでは、まず、クライアントの経営成熟度を

診断するところから始める。診断によって現状のレベルが1（最低限）と診断されれば、まずレベル3まで経営の成熟度を引き上げることを進める。そうでなければ、どんなに寝ずに努力しても、何も成果は得られないからである。

　現実には実践経営学の教育研修を行う。そこを手始めに、指導する側とされる側の意識のギャップを解消していくようにする。その上で、コンサルを開始する。その際も、全般的な経営実践をするのか、重点ポイントの指導のみでよいのかを見極める。

(2)　何よりも、まず学ぶことから

　経営者は学ばなければならない。論語でもこのように言っている。

　一晩中、寝ずに考えた。答えは出なかった。一日中食事もしないで考えた。しかし、答えは出なかった。書を読むにしかず。

　まず、何よりも学ばなければ始まらない。遠回りなようだが、教育研修によって経営についての知識を得るところから始めるべきである。

　経営者の仕事は何か？　経営管理者の仕事は何か？　これに的確に答えられる経営者、経営管理者はどれだけいるだろうか。大学で経営学を学んだ人間は簡単に答えるだろう。経営者の経験はなくとも、経営学という知識を学べばわかる。

　ベテランの職人は寿司を握ることはできる。しかし、寿司屋＝飲食業という事業を成り立たせ、成長させるためには、

寿司を握るというオペレーションのみでは、経営は存続、発展しない。特に、マネジメントを学ぶ必要がある。

　事業を成長させ、人を雇用し、支店展開をする。そのためには、たとえば寿司屋のお客様にとっての価値は何なのか？　早い、安い、旨い、なのか？　それとも、旬の食材を高い鮮度と品質で顧客に提供することなのか？　あるいは、日本の伝統の寿司をグローバル化し、外国人も食べられるヘルシー食材として提供することなのか？　自社の顧客を想定して経営者はそれらを決めなければならない。

　ほかにも経営者としてやらなければならないことは多数ある。どうやって人を採用し、マネジメントしていけばよいのか？　人はどうしたらやる気を起こすのか？

　経営者自身、自らモチベーションを高めるにはどうすればよいのか？　支店展開する際、立地をどのように選べばよいのか？　そもそも事業は組織社会にとって善であるのか？

　何をもって社会の進歩発展に貢献するのか？　経営者はそのようなことを常に考えなければならない。そのために、まず、学ぶのである。

継続（経営改善）・変革

2

経営力アップに大きな効果、経営計画発表会

　１年に一度の
経営計画発表会を続けることで、
経営力は飛躍的に向上する。
全社員の目標が
一点に収斂するからである。

エナリシステムでは、全社的な経営計画発表会の開催を行っている。

ここでは1年に一度、過去1年の会社の成果を振り返る。顧客に顧客価値を実現することができたのか？ 顧客が好ましい状態に変化することができてきたのか？ 会社は、好ましい状態に積極的に変化することへ支援できたのか？ その結果、顧客満足が実現できてきたのか？ これらを評価し、全社員で共有する。

そしてそれに基づき、各部門が次の1年の計画を立てて、発表する。一般社員は、前年の目標についてフィードバックし、当年の目標について発表する。有言実行のためだ。部門長はトップマネジメントとともに全社目標の実現にしっかりとコミットし、ほかの部門長と相互に支援し合うことを確認する。

発表した目標はマネジメント監査の対象となり、期中はプロセス監査を、また、最終ゴールの成果は次の経営計画発表会で成果報告される。

経営計画発表会前は、トップマネジメントと各部門長との間で、あるいは各部門の上司と部下、同僚間で、全社目標を達成するための面談を行う。

目標管理に基づき、お互いの間の考え違い、誤解をコミュニケーションにより解消し、全社目標、部門目標実現のために、期待と貢献の関係を作る。

経営計画発表会を長期にわたって継続すれば、全社員がマネジメントを理解する経営人となる。その結果、企業の業績

は間違いなく上がっていく。事実、多くの企業がめざましい成果を上げてきた。

経営計画発表会の意義と成果をまとめると、以下の通りになる。

(1) 全社員がマネジメントを理解する

ある会社では、平成元年から平成29年まで約30年にわたって毎年、経営計画発表会を継続し、その間、社員はオペレーションに精通したのみならず、マネジメントも習得していった。経営者がマネジメントに真摯に取り組んだ結果である。この会社の経営計画発表会をこれから経営計画発表会を行う会社の社員に見学してもらった。その感想は"なんてモチベーションの高い会社なんだ"というものだった。

(2) 継続的に経営力が向上する

経営計画発表会で立てた目標の達成のため、ある経営者は毎月一度、税理士法人で月次経営検討会（※次項参照）を開いて、前月の実績をチェック、経営分析して各部門へフィードバックを続けた。これを習慣化することで、経営力を向上させることができた。

(3) 全社的な目標の共有ができる

あらゆる組織には、人が集まり、仕事をする理由がある。経営計画発表会により、全社員にとっての共通の目標と、企業の存在理由を明示することができる。これは組織の求引力

となり、目標達成のための実現力となる。好ましい企業文化の構築にもなる。

(4) 営業力が強化される

ドラッカーは、「経済的成果である売上高がなければ、マネジメントしているとはいえない」と語っている。売上が上がらないのは、顧客に対して顧客価値を提供していないからである。不況のためではない。それが全社員の共通認識となり、特に営業部門の社員は常に顧客のニーズを察知し、即、対応し開発部門と顧客ニーズを共有することが顧客価値の実現であると考えるようになる。その結果、売上高も増加する。

(5) 商品開発力が向上する

営業部門から顧客ニーズに基づいた具体的な提案がなされるようになり、開発部門はそれに基づいた商品開発をする。もともと商品作りに定評のある企業であれば、企業内部からの提案も豊富だろう。顧客サイド、企業サイド、両方からの発想により商品開発が進めば、車の両輪のようにうまく回り始める。顧客への対応力の実現である。

(6) 計数の管理・把握が可能に

経理で用いられる数値はもちろん、一般には数値化しないような非計数事項であっても、あらゆることを数値化することが習慣づく。各部門では仕事のプロセスが"見える化"され、その進捗度を明示化することも可能になる。

⑺　コミュニケーションが実現する

　経営計画発表会で表明した全社目標の実現のため、部門で
も目標を立て、さらに社員一人ひとりが目標を持つ。上司は
部下に期待する成果を示し、部下は自ら貢献することを上司
に述べ、お互いの考えの違いを埋めながら各目標に向かう。
お互いの違いを認識することが目標管理の要諦である。

　このようなプロセスを経ることで、社内のコミュニケーシ
ョンが見違えるほど向上する。これこそ、ノルマ管理でなく、
目標管理である。

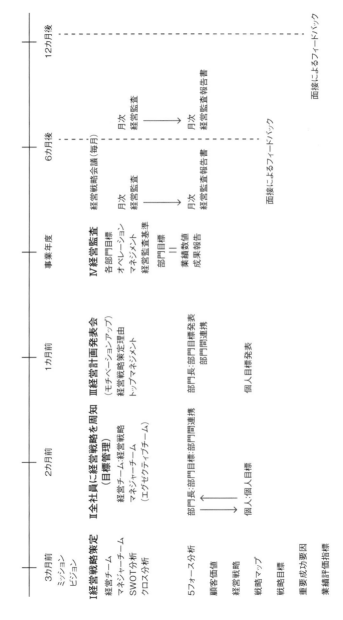

[図表15] 経営計画発表会スケジュールのプロセス

継続（経営改善）・変革

3

月次経営検討会で常に経営のチェックを

毎月の経営のチェックと
フィードバックを繰り返すことで、
経営は見違えるように改善していく。

(1) 月次経営検討会で現状を概観、把握する

経営成果を考え、常に「経営者は経営する」を実践している会社は、売上高も利益も十分に確保している。それは常に顧客のことを考え、顧客が好ましいと思う方向や状態に自らを変えることを進め、この変化に実際に顧客が満足したかどうか常に確認しているからである。

「経営者は経営する」という当たり前のことに欠かせないのが、毎月、試算表をもとにした月次経営検討会である。

ここではまず月次損益を推定する。そのためには、毎月末原材料、仕掛品、製品の棚卸をする。中でも粗利益率の変動については注視し、その変動理由を確認する。

①在庫ロスが生じたのか、その原因を分析する
②値引きの要求があったのか
③値入れ率が変わったのか
④販売商品の構成比率が変わったのか
⑤製造原価の変動費率か固定費に変化が起きたのか、稼働率に変動があったのか、売上高の増減が著しいのか。

などである。売上が上がっていても安心せずに、その理由と背景を探る。売上高上昇時には、操業度も上がり、利益も出ていると考えがちだ。だが、そうではないケースがある。

通常、原材料費は売上高とともに一定の比率で上がっていくが、大きく変動して、利益が損なわれることがある。特に生産する製品の種別が多く、多数の原材料を用いる場合は注

意が必要だ。外注費も、同様の管理が必要である。

　また、収益や費用は季節によって変動する場合があり、前月との比較だけでは傾向がつかめないことがある。必ず、前年同月と比較し、増減要因をつかむようにする。

⑵　経営実体にメスを

　上記のように過去1カ月を概観したら、次は経営実体にメスを入れる。

①流動比率を確認する

　流動比率は、自社に倒産リスクがあるかどうかのサインだ。最重要項目と言ってよいだろう。

　流動比率＝流動資産／流動負債×100％

　アメリカではこの数値が200％以上でなければならないとされているが、日本では130％あれば通常の業態では標準である。ただし、流動比率の計算で分子に当たる流動資産に、不良在庫や不良債権が混在していると、危険を見逃すことがあるので注意する。

　資金繰りの基本は、回収日数と支払日数の関係で決まる。回収日数＜支払日数を常に意識して営業、購買活動をする。

　固定運転資金および固定運転日数×日商により確認する。

②回転率を確認する

　期中の経営分析でもうひとつ気をつけなければならないのは回転率だ。回転率は3カ月、6カ月単位では傾向を推定することになる。通常は、1年という期間で考えないと経営判

断を誤る。毎月の月次経営検討会では、前年同月と比較することで傾向をつかむ程度にする。

(3) 労働分配率 ＝ $\dfrac{労務費}{付加価値}$

労働生産性 ＝ $\dfrac{付加価値}{労務費}$ とともに検討する。労働生産性と労働分配率は裏腹の関係にある。

留意すべきは、付加価値が上昇傾向か、下降傾向かを検討する必要がある。付加価値が一定の場合に、労働生産性の指標となる。

(4) **月次損益分岐点**

推定利益を速算する。①月次B.E.Pを当期売上が越えていれば

超過売上×限界利益率＝推定利益

②未達であれば、

売上高×限界利益率－月額固定費＝推定損失

(5) **「すでに起こった未来」を検討する**

ドラッカーは、自ら予測はせず、将来の変化の芽は、すでに起こっているとし「すでに起こった未来は、体系的に見つけることができる」と言っている。

次に、過去1カ月における「すでに起こった未来」について考える。

人口の変化など社会的、長期的な動向はもちろん、新聞記

事からわかる経営の課題、同業者や顧客企業の経営情報、業界内での合併などの動き、競合企業の新製品開発や新規顧客の開拓の様子、同じく人材の採用などについて情報を集め、自社の将来の経営課題に影響を与えるものがあるかないか検討する。

特に、顧客企業の経営方針の変更などは、即、自社の経営に影響する。この兆候があればトップマネジメントチームで対策を検討する。

(1)(2)(3)(4)(5)を毎月必ず続けて、経営実態を把握することを習慣づければ、その月には気づかないことでも、見えてくることがある。

前月との比較だけでなく、前年同月とも比較しながら、フィードバックすることが重要である。

経営についてのチェックとフィードバックを繰り返すことで、経営は改善し、進化していく。

月次経営検討会は、経営戦略会議と同様に、毎日目の前の現業に追われているなかで、真剣に立ち停まって「経営を考える時間」を確保することになる。

継続（経営改善）・変革

4

トップマネジメントに必要な4種の姿勢

トップマネジメントは、
考え、行動し、人間的に振る舞い、
代表に立たなければならない。

ドラッカーは特にトップマネジメントの役割を重視している。その多元的な役割を列挙していくと……。

・事業の目的を考える。「我々の事業は何であり、またどうあるべきか」を考える。
・事業全体の目標を設定し、戦略計画を作成し、明日のための意思決定を行う。
・良識の機能を果たす基準を設定する。
・目標と意思決定の内容を、経営幹部全体に理解させる。
・経営管理者に対し、事業を全体として見るよう教え、事業全体の目標から自分の目標を導き出すことを助ける。
・それらの目標に照らして、彼らの仕事ぶりと成果を評価測定する。
・必要に応じて事業の目標を点検し、修正していく。
・経営幹部の人事について意思決定を行う。
・将来の経営管理者の育成を図る。
・社員のモチベーションを高める施策を考える。
・組織構造について基本的な意思決定を行う。
・経営管理者たちに対し、何を問うべきかを考え、彼らにその意味を理解させる。

また、中小企業の場合は、以下のような役割も加わる。

・部門間の対立を仲裁し、関係を改善する。
・新規事業や新商品開発についての意思決定をする。

・投資計画や資金調達について意思決定を行う。

・新入社員や若手幹部との懇親を行う。

・大口客からのクレームに対処する。

・対外的な活動や、業界の集まりに出る。

これらを整理し、トップマネジメントに求められる姿勢を
あげると、ドラッカーが言うように、次の4種とわかる。

・「考える人」

・「行動する人」

・「人間的な人」

・「代表する人」

ドラッカーは、トップマネジメントは1人では難しいため、
それが経営チームが必要な理由としている。

継続（経営改善）・変革

5

経営チーム育成のために

チームによる経営の実現のために、
体系化した
トップマネジメント教育プログラムが
必要である。

成長している企業には、必ず経営チームが存在する。トップマネジメントを1人ではなくチームで行っているのである。

経営者の仕事とは、経営理念やビジョンを作り、事業定義をし、経営戦略を策定し、そのための目標を作り管理し、すでに起こった未来の芽を探索し、マーケティングやイノベーションに挑む……など多岐にわたる。

商品開発、市場開拓、研究開発、財務、営業活動にも関わらなければならないし、冠婚葬祭や業界活動、社会奉仕活動もある。

これだけの広範囲にわたる職務を、1人でこなすのは困難である。いや、不可能である。

創業時は優れた創業者のワンマン経営によって伸びた会社であっても、規模が大きくなるにつれて、チーム経営が必要になる。多様な専門やスキルを持つ人材が揃えば、幅広い視点が生まれ、厳しい経営環境でも多くのアイディアが生まれ、乗り切っていけるだろう。ワンマン経営にありがちな弊害も防ぐことができる。

そのような経営チームを育成するために必要なのが、まず教育だ。トップマネジメント研修である。

(1) トップマネジメント研修の実施を

トップマネジメントには、立ち止まり、考え、気づきを得る機会と時間が必要である。月に一度の頻度でそのような時間を設け、トップマネジメントチーム内をはじめ、社内でのコミュニケーションの実現や、経営戦略実施のためのリーダ

ーシップなど、経営全般を学ぶ。また、経営を学ぶことそのものが、成功体験とともに経営者自身の仕事へのモチベーションとなる。成功体験循環サイクルである。

①目的——永続年企業となるために、
　企業基盤をいかに構築するか
　経営チームでのチームワークを醸成しつつ、マネジメントについての経営知識全般を習得する。経営に追われる毎日の中で、立ち止まり、考え、気づきを得る時間を作り、習慣化する。

②目標——プロフェッショナルトップマネジメントの育成
　(ⅰ)　激変する経営環境を乗り切る経営能力を備える。変化の激しい経営環境の中で、今後、自社をどのように成長・発展させるのか？
　(ⅱ)　そのための経営能力を備える。経営者、経営チームが保有すべき経営知識の全領域を学ぶ。
　(ⅲ)　学習する組織を構築する。経営者、管理職の経営能力の育成研修をする。経営能力は、天性のものではなく、学ぶことにより、手に入れることができる。後継経営者が、自ら意識して「成長したい」という意欲が必要である。

③学ぶ内容

・自社・他社の失敗事例（失敗は成功の母）。

・何が現在の成功要因かを常に分析する。成功要因に影響する環境変化は何かを探る。

・ドラッカーによる次の３つの視点により「事業定義」を再確認する。

　１．環境 —— 社会や市場、顧客や競争相手などの動きや変化

　２．自社の使命・ミッション —— 何を目的とし、どう社会に貢献するのか

　３．自社の強み —— 得意分野

・ドラッカーによる５つの質問により「事業定義」を見直す。

　１．われわれの使命は何か

　２．われわれの顧客は誰か

　３．顧客の価値は何か

　４．われわれの成果は何か

　５．われわれの計画は何か

④ドラッカーの言う「すでに起こった未来」は自社にとって、社会にとってどのような事象が、どのような意味を持つかを常に探索する。

　ここで身につける知識水準は全体の50％でよしと考える。経営知識と経営経験とで、経営能力は育つと言われている。経営能力を具備した上で、理論について実践・行動する。理論を実践していくことにより、経営成果を出すことが最終的

な目標である。

⑵　チーム経営実現のために

①経営企画室の設置

　営業、生産、品質管理、研究開発、総務、経理など従来の組織部門のほかに、経営全般をデザインし、チーム経営を実現する専門の部門を設立する。経理部門が必須であるように、総務部門に人事担当または人事機能を併設する。従来の職能組織に「経営企画室」「人事課」を具備することが望まれる。

②経営研修機関の設置

　将来の変化に対応するため、常に学び、経営知識を収得できる専門機関を設ける。ここで、トップマネジメント研修をはじめ、ミドルマネジメント研修、一般社員向けの研修を集約的に行う。

③体系的なC.D.P（career development program ——キャリア育成計画）の作成

　個人および、部門ごとのC.D.Pを作成する。

④外部研修機関と提携して、研修をアウトソーシング

　自社内で教育研修をすべて企画・実施するよりも、部門によっては外部の専門機関に依頼することも考える。

継続（経営改善）・変革

6

ミドルマネジメントにも
教育を

実際のビジネスを一線で担う
ミドルマネジメントこそ、
教育が必要である。

トップマネジメントとともに、ミドルマネジメントが部下と十分な意思疎通をし、企業の進むべき方向を明確にすることで、組織はパワーを発揮し、全社員を目標に向かわせるモチベーションが生まれる。

　ミドルマネジメントにこそ、自らの位置と役割を明確にし、組織の原動力となるため、思考、知識、スキルの育成は必須である。

　トップマネジメントと重なるところは多いが、改めてミドルマネジメントが学ぶべきことを整理してみよう。

(1)　学習する組織を作る重要性を学ぶ

　ドラッカーは、「組織社会が成立して、いまだ数百年しか経っていない」と語った。組織社会には、企業をはじめとして多種多様な組織が林立している。これらの組織がそれぞれ存在価値を発揮し合うことにより、組織社会がよりよい社会になることに貢献している。その結果、機能する社会が実現する。経営環境が激変する時代、学習する組織でなければ生き残れない。

(2)　家訓、経営理念、ミッション、ビジョン、事業定義の重要性を学ぶ

　企業は価値前提により経営する。家訓は、組織が永遠に存続するための組織のあり方を教え、経営理念、ミッション、ビジョンには、創業者の社会貢献への思いが込められている。また、事業定義は、顧客、顧客ニーズが時代の変化とともに

変化するので、絶えず見直しが必要だ。

これらをミドルマネジメントが十分に理解し、臨機応変に対応できる組織にしなければならない。

⑶ オペレーションとマネジメントの違いを学ぶ

経営はオペレーションとマネジメントから成り立つ。オペレーションとは、たとえば寿司屋であれば寿司を握ることである。握り方を熟知すればうまい寿司を提供できるが、寿司屋としての経営を成功させられることは別にある。

オペレーションのみならず、マネジメントの重要性も、ミドルマネジメントが学ばなければならないことだ。それによって売上が上がり、利益の出る優良企業となる。

⑷ 顧客、顧客ニーズ、顧客価値、顧客満足、成果を学ぶ

ミッションを実現するには、顧客を決定し、顧客ニーズを見つけ、顧客価値を決め、それを顧客に提供する。その結果、顧客は好ましい状態に変化して満足し、支払いをする。

企業は、経済的成果として売上、利益を得る。顧客と一線で向き合うのもミドルマネジメントの役割である。これらを念頭に現実のビジネスに向かう必要がある。

⑸ BSC、経営戦略、経営戦略会議を学ぶ

顧客、顧客価値をどう実現するか。5フォース分析により、競合環境を知りSWOT分析とクロス分析を使い、自社の強みと機会を知って経営戦略の方向を決定する。BSC（バランス

スコアカード）により、顧客価値を決定し、バリュー・チェーンアクションを導き出し、戦略と目標の達成のためにどのような道筋をたどるかを明らかにする。これらもまたミドルマネジメントが使いこなしてこそ、現実の経営は回っていく。

⑹　事業の目的、勝利のマネジメント、事業の意味を考える

　ドラッカーは、「時代は変化し続けており、事業定義は常に変化する用意をしておくことが大事」と語っている。事業は何であるのか、どうあるべきなのか、顧客の変化を絶えず見直し、戦略を策定、ヒトがどうしたら喜んで仕事をするか、モチベーションを考え、イノベーションを起こす。そのようなマネジメントの重要性を再認識する。

⑺　目標管理を行い、経営計画発表会で表現する

　経営管理者は、目標を設定し、設定した目標を実現するために、仕事を分析し、仕事を明確にし、仕事に人を割り当て、動機づけし、自己目標管理と仕事の結果をフィードバックする。その際、上司と部下とはコミュニケーションにより、お互いの考えの違いを理解し、是正して納得する。

　上司と部下は、期待と貢献の関係により、目標を実現する。戦略を社員全員の共通のものにし、全員で実現する意思統一を図るのが経営計画発表会である。目標達成について、具体的には発表までの期間に、上司と部下がどれだけコミュニケーションをしたかにかかっている。

⑻ リーダーシップ、コミュニケーション、
モチベーションアップのための力をつける

企業という組織のあらゆるセクションにリーダーがいる。企業のリーダーはリーダーシップを発揮し、組織の方向づけを行う。目標を掲げ、部下とのコミュニケーションを十分にとり、部下のやる気を引き出し、全社員で目標に向かう。そのため、リーダーはリーダーシップを発揮し、コミュニケーションを行い、モチベーションを向上させる能力を具備することが必要である。

⑼ 損益分岐点、キャッシュフローなど
財務視点で仕事を見る

時間当たり生産性をどう高めるのか？ 損益分岐点とは？ 企業にとってキャッシュフローの重要性とは？ 財務の視点から、自社や仕事を見つめ直す。

⑽ マーケティングを学び、市場での自社の集中すべき分野
と地位の目標を立てる。そしてイノベーションの重要性
を認識する

マーケティングは、自らの強みに集中し、その市場での地位を獲得するために目標顧客を決定し、顧客価値を提供することになる。これもまたミドルマネジメントが学ばなければならないことだ。

ドラッカーによると、イノベーションは、以下の7つの機会があるとしている。

①予期せぬ成功・失敗を利用する

②ギャップを探す

③ニーズを見つける

④産業構造の変化を知る

⑤人口構造の変化に着目する

⑥認識の変化をとらえる

⑦新しい知識を活用する

⑾　自己実現を目指す

　経営管理者として、プロフェッショナルとして、あるいは
どのような社員にとっても、自己実現は最高次の人間として
の目標であることを共有する。

⑿　よい企業文化を醸成する

　企業とは人の集まりである。自然によい企業文化は構築さ
れない。どうしたらよい文化が根づくのか。誰にとっても教
育が必要である。

継続（経営改善）・変革

7

全社的に マネジメントスクールで 教育を

全社員がマネジメントスクールで学ぶことで、
トップの意志を隅々にまで
行き渡らせることが可能になる。

今日、企業間の競争はますます激化している。今後10年以内に、倒産・廃業などが増えていくと言われている。

もはや我流の経営では、企業の永続はあり得ない。経営を熟知している経営者の集団、すなわちプロフェッショナル専門経営者が経営する企業のみが生き残ることになるだろう。専門経営者の時代が到来する。

そこで専門の経営教育が必要になる。経営を教える専門機関がマネジメントスクールだ。

ここで学ぶことによって、トップマネジメントは定期的な経営オペレーションから解放され、じっくりと自社の経営を見つめ直すことができる。また、経営の成熟度を高め、ミッション、事業定義、経営戦略、顧客、顧客満足、人材育成などを確立するための知識を得ることができる。

ミドルマネジメントをはじめ、1人でも多くの社員がここで学ぶ意義は大きい。経営学を学ぶことで仕事の意味を再確認することができ、経営知識を実践し、成功体験を得て、経営者としてのモチベーションを高め、企業と社会に貢献できるようになるからだ。

また、社内のコミュニケーションが円滑化し、意志が隅々にまで行き渡る。経営学のテクニカルタームは通常、日本語で表現されるため、勉強しなくても理解できるように思われている。だが、現実は違い、誤解が生じることは多い。

たとえば、「経営管理」とは、通常の理解では単に経営を管理することだが、経営用語としての意味は、「目標を立て、人に仕事を割り当て、動機づけし、仕事を実施し、目標との

ズレをフィードバック、改善、修正する」となる。両者の意味は全く違ってくる。

管理とマネジメントも通常は混同されて使われることが多い。経営で「仕事の管理」とは、PDCAのサイクルを回し、「人のマネジメント」はOOMCで行う。

PDCAとはP（計画）、D（実践）、C（評価）、A（改善）の略であり、商品の品質の保証し、業務の改善を図る。

一方、OOMCとは、O（目標）、O（組織化）、M（動機づけ）、C（評価）を指し、全社的に目標を達成するための人のマネジメントに用いる。PDCAの「管理」と誤認しないため、人の場合は管理を「マネジメント」と言う。

全社的に学ぶことによって、経営用語の共通理解が進む。社内で用いる言葉の概念が統一されることで誤解は減り、コミュニケーションが円滑になる。トップマネジメントによる経営戦略や経営方針の真意を、企業の隅々にまで正確に伝えることができる。

現実に、同一企業で社長以下、経営チーム、管理職など、数人で参加するケースが多い。

コミュニケーションにおける聞き手、受け手の能力アップとなることもコミュニケーションが円滑になる要因である。

継続（経営改善）・変革

8

「3分間スピーチ」と「気づきシート」が経営者に自信をもたらす

独特の「3分間スピーチ」と
「気づきシート」によって、
経営者は自分の成長を
自覚することができる。

クライアント企業の研修センターと位置づけているのが、エナリシステムのマネジメントスクールである。

トップマネジメントからミドルマネジメント、ローワーマネジメントまでマネジメント層を対象としている。

学ぶ内容は経営全般に及ぶが、特に中小企業の弱点であるマネジメントを重点指導し、また、母体が税理士法人であることから、財務管理教育を採り入れていることが特徴だ。

中小企業に多い２代目（あるいは数代目）の経営者やその候補者、あるいは経営チームによる経営を目指す人たちを意識したカリキュラムも整えている。

トップマネジメントは、ここで経営知識を得て、スキルアップすることで、「中小企業の完全なる経営者」を目指す。また、ミドルマネジメント以下の社員もまた経営知識を身につけることで、全社的なコミュニケーションが可能になり、高度な経済的成果を実現する企業を作り上げることができる。

特に次のような特別なプログラムが効果を上げている。

(1)　３分間スピーチ

受講者は過去１カ月間の社会や経営上の変化、特に「すでに起こった未来」について３分間にまとめてスピーチをする。スピーチに対して、ほかの参加者は社外重役になったつもりでコメントをする。また、最後に、ファシリテーターが「この話題を経営理論で説くとこういう解釈になる」と解説する。

スピーチによって、受講者は、マネジャーとして自分の話したいことを要約して人前で話す訓練ができる。また、自社

289

や社会を常にウォッチしてテーマを探さねばならず、自然に経営を見る目が養われる。

3分間スピーチは、毎月10人ほどで行い、それを2年続けて行う。多くの研修生が2年間の訓練で、堂々と話ができるようになる。また、期間中、研修によって経営知識が身についていくので、話の内容はどんどん進化、高度化していく。

(2) 気づきシート記載

毎回の講義終了時、受講者は「気づきシート」に、その日、気づいた内容を書き記す。人によって内容は千差万別であり、講義の進捗とともに変化もする。

当人の許可を得て受講者どうしで交換すれば、自分が不足している知識や視点に気づくことができる。同じ会社からの受講者であっても、視点や考え方、関心は驚くほど違うことがわかる。

また、定期的に自分で見直せば、現在と過去に自分がどのような視点で何に関心を向けていたのか、その違いが明確にわかり、自らの成長を実感することができる。

(3) 現実の問題についてのカウンセリング

講義で身につける経営知識は2年間トータルで200項目に及ぶ。また、受講者は必ず最初に経営成熟度診断を受け、自身の成熟度を知る。診断項目は70ほどで、受講者はこの中から自分の関心のある分野を選択することができる。

受講者にとっては、自社が抱える問題など、関心の高い分

野を集中的に学ぶことができるわけだ。自ずと現実の経営を意識せざるを得ず、経営上の悩みも出てくる。

　マネジメントスクールでは、そのような相談も受けつけている。知識がそのまま実践で役立つだろう。話の内容は、守秘義務で守る誓約書に署名するため表に出ることはない。

継続（経営改善）・変革

9

経営戦略会議3.0で、長期的成果を

現実の経営を長期的に見直す
経営戦略会議3.0によって、
経営の基礎体力は大幅にアップする。

経営コンサルタントから指導を受けても、身につかない問題点についてはすでに触れた。会社側の経営知識や経営能力が不足していたり、理解不足やコミュニケーション不足も重なり、会社は自分たちがやるべきことを忘れ、ヤラされ感ばかりが募ることになる。

また、コンサルタントの提示する対策は、短期利益が上がるような、対症療法、外科手術的なものになりがちだ。目に見えやすい成果ばかり追いかける結果、一時的に効果はあっても、コンサルタントが離れると元の木阿弥となってしまうことは多い。

それを解決しようとしたのが、「経営戦略会議3.0」である。会議と名がつく通り、現実の経営の課題を議論するが、実際は、経営能力の向上を目指した教育の場でもある。

エナリシステムのマネジメントスクールは、トップ、ミドル、ローアーの各マネジメントを対象に、経営全般から財務会計・管理会計などの研修を行う。また、経営計画発表会では、全社員が参加して、トップが掲げる全社目標から部門目標、個人目標を設定して目標管理を行い、その達成度合いを経営監査する。

経営戦略会議3.0は、チーム経営を担うトップマネジメントを対象に、経営計画発表会で表明した戦略目標をもとに、重要成功要因を特定し、アクションプランを策定する。

経営知識を学び、現状の経営を分析していくのだが、売上高成長率や、売上高営業利益率、経営資本営業利益率を見ながら、現実的なマーケティングとイノベーションの経済的成

果を測ったり、商品開発や市場開拓にも挑戦し、その実際の経営成果を測定、分析し、監査報告も行う。それを受けて各部門長によるフィードバックもある。

　ビジネスシステムと収益モデルを合わせ持ったビジネスモデルを考え直す。経営を学びながら、そのように事業のあり方そのものを見直す課題にも取り組むので、問題の本質を理解し、根本的な解決方法を見つけることができる。

　月に一度、経営戦略会議3.0を開くことで、参加者は普段の仕事から一時的に離れ、経営を真剣に考える時間ができ、仕事を客観的に見ることができる。その点はマネジメントスクールと同様だ。目先の対策だけでなく、経営知識を得ながら、じっくり、時間をかけて自社の将来を考えることができる。

　誰もが会社の課題を自分の課題としてとらえるようになる。組織全体を無目的集団から目的実現集団へと変えるのである。

　マネジメントスクール同様、参加者はここで身につけた経営力やコミュニケーション力を自覚することで、モチベーションアップにも大いに役立つ。

　これらにより、経営基礎体力が育成され、マネジメント力が向上する。長期的な利益も期待できるようになる。

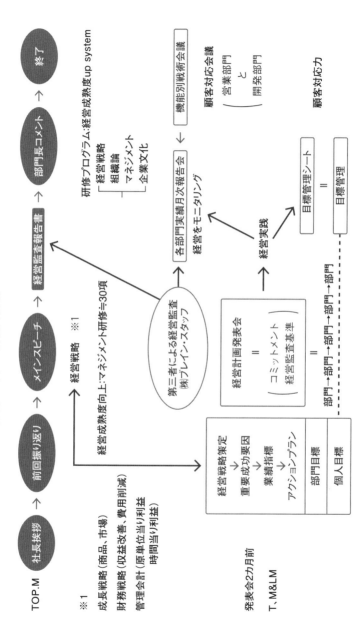

[図表16] 経営戦略会議——全員経営、目標共有、マネジメント共有のために

13章 継続〜経営(改善・変革〜企業をよみがえらせる〜

継続（経営改善）・変革

10

安定経営するために。農業的経営と工業的経営の併存を

安定経営するためには、
農業的経営と工業的経営の
２種類の経営を併業することが望ましい。

経営には農業的経営と工業的経営の2種類がある。

農業的経営とは、農産物が一定時期に収穫されるように、毎月一定収入が入る不動産賃貸のような事業を指す。リース業も農業的経営に入る。

これに対して工業的経営とは、生産量の増加とともに利益が発生する事業を指す。よいときは売上も上がり、稼働率も上がり、利益も稼得できるが、悪い時には、販売不振により売上は下がり、即赤字となる経営形態である。

工業的経営では一時は高収益を得られても、それを持続させることは難しい。長期間の経営においては景気変動という外部環境変化は避けられない。

長い期間では、商品やサービスが時代や社会とミスマッチすることも生じるだろう。そのため成長が停滞したり、重要顧客の離反などが起きることもある。高収益を求めるならば設備投資などのリスクもついて回り、ひとたび不況になれば大きな打撃を受けかねない。

長期的な視点で経営を維持していこうとするならば、農業的経営と工業的経営の並列経営が望ましい。工業的経営のリスクを回避、または最小限に抑え、経営に安定性をもたらすのだ。

農業的経営の事例として、不動産を保有し家賃収入を得ることを考えてみよう。

2000万円の中古ワンルームマンションを1500万円の自己資金で購入し、土地500万円分をローンでまかなう。500万円を30年かけて支払う。つまり減価償却に30年をかける。

金利を入れても年間数十万の支払いとなる。

　一方、建物を月8万円で賃貸すると年間の収入は96万円となり、差し引き分が利益となる。30年後、建物の減価償却を終えれば、家賃収入がそのまま利益となる。

　以降、このマンションは家賃が下落しても建物は償却済みなので、土地に対する投資利回りとしては高収益物件となる。また、売却してもよい。つまり、高収益物件として維持することができる。

　家賃収入の例からもわかる通り、農業的経営によって自己金融による資金調達が可能になる。安定経営を実現するためにも、企業は、常に工業的経営と農業的経営とを併業させるべきである。

おわりに

　私は税理士としての仕事を続けて50年以上になりますが、本来の税務、会計業務はもちろんですが、中小企業診断士と社会保険労務士の資格を得て、クライアント企業の成長発展を支援する活動を続けてきました。

　50年の試行錯誤の中で私なりに行き着いた結論が、どの企業も永続企業を目指すべきということです。企業は、社会にとって善なる存在だからです。特に、地域の人たちの生活にとって欠かせない中小企業こそ、その活動を永続させなければならないと実感しました。

　簡単なことではありません。しかし、不可能ではありません。永続企業となるため、なるべく多くの中小企業の経営者や経営管理者の方々に読んでいただきたいと執筆したのが本書です。

　経営には理念、知識、技術、経験が必要です。経営者、経営管理者として、何を学び、どう行動すべきか。企業の盛衰は、経営者の経営能力にかかっているのです。

　私は自ら経営する税理士法人のクライアント企業の支援のために経営を学んできましたが、そこで大きな影響を受けたのがP.F.ドラッカーでした。経営者として、企業として、何をすべきかを教えてくれます。

　本書はドラッカーの経営理論を縦糸に、もうひとり経営を学ぶ上で欠かすことのできない競争戦略の第一人者、M.E.ポ

299

ーターの競争理論を横糸に構成を試みました。また、経営のための具体的なツールとして、ロバート・S・キャプラン、デビッド・ノートンのBSC（バランススコアカード）をあげました。経営戦略と経営管理を実効性あるものにするためには非常に有効なシステムです。

　私は実際にこれらの理論を応用して、中小企業経営を支援してきました。

　私はクライアント企業とともに、毎年、BSCを用いた経営計画発表会を続けています。そこでは、各社員個人が、前年目標の達成度についてフィードバックし、次年度目標を発表します。その際、全社戦略、部門目標、個人目標を設定していくのですが、全社戦略を実現するために部門目標を策定し、部門目標を実現するために部門目標を、さらに個人目標にまで順に落とし込んでいきます。

　この経営計画発表会により、各企業はオペレーションのみの経営から、確実にマネジメントを考える人間集団へと成長する。社員のモチベーションはアップし、企業としての価値創造が可能になるのです。

　企業で働く人々は、誰でも一生懸命努力し成果を出そうとしています。しかし、マネジメントの重要性はそれほど考えていません。顧客を意識し、顧客のために何をするか、マネジメントの重要性を理解することによって社員一人ひとりが考え続けることができるようになり、それによって卓越した企業となれるのです。

　卓越した企業を目指すため、本書を活用していただきたい

と思います。

　ともに経営者として、コンサルタントとして200年企業創造支援をしていきたいと考えています。地域、社会全体をマネジメントにより、活性化した人と企業で構成される組織社会を実現したい……。それが私の願いです。

2018年7月

【参考文献】

○ P.F.ドラッカー
  『企業とは何か』ダイヤモンド社(上田惇生訳)
  『現代の経営(上、下)』ダイヤモンド社(上田惇生訳)
  『創造する経営者』ダイヤモンド社(上田惇生訳)
  『経営者の条件』ダイヤモンド社(上田惇生訳)
  『マネジメント(上、中、下)』ダイヤモンド社(上田惇生訳)
  『マネジメント[エッセンシャル版]』ダイヤモンド社(上田惇生訳)
  『イノベーションと企業家精神』ダイヤモンド社(上田惇生訳)
  『非営利組織の経営』ダイヤモンド社(上田惇生訳)
  『未来企業』ダイヤモンド社(上田惇生訳)
  『すでに起こった未来』ダイヤモンド社(上田惇生訳)
  『明日を支配するもの』ダイヤモンド社(上田惇生訳)
  『プロフェッショナルの条件』ダイヤモンド社(上田惇生訳)
  『チェンジ・リーダーの条件』ダイヤモンド社(上田惇生訳)
  『仕事の哲学』ダイヤモンド社(上田惇生訳)
  『ドラッカー365の金言』ダイヤモンド社(上田惇生訳)
  『経営者に贈る5つの質問』ダイヤモンド社(上田惇生訳)
  『P.F.ドラッカー経営論』ダイヤモンド社(ダイヤモンドハーバードレビュー編集部訳)
  『知の巨人ドラッカー自伝』日本経済新聞出版社(牧野洋訳)

○ M.E.ポーター
  『競争の戦略』ダイヤモンド社(土岐坤・中辻萬治・服部照夫訳)
  『競争優位の戦略』ダイヤモンド社(土岐坤・中辻萬治・小野寺武夫訳)
  ハーバード・ビジネス・レビュー BEST10論文「戦略の本質」、『DIAMONDハーバード・
  ビジネス・レビュー』ダイヤモンド社

○ ジョアン・マグレッタ『マイケル・ポーターの競争戦略』早川書房(桜井祐子訳)

○ 吉原英樹『「バカな」と「なるほど」』PHP研究所

○ 延岡健太郎『価値づくり経営の論理』日本経済新聞出版社

○ ピーター・M・センゲ『学習する組織』英知出版(枝廣淳子・小田理一郎・中小路佳代子訳)

○ 吉川武男
  『バランス・スコアカードの知識』日本経済新聞出版社
  『バランス・スコアカード入門』生産性出版
  『バランス・スコアカード構築』生産性出版

○ ロバート・S・キャプラン、デビッド・P・ノートン
  『戦略マップ(復刻版)』東洋経済新報社
  『キャプランとノートンの戦略バランス・スコアカード』東洋経済新報社
  『バランス・スコアカード』生産性出版

○ ジャック・トラウト、スティーブ・リヴキン『独自性の発見』海と月社

○ アル・ライズ、ジャック・トラウト『ポジショニング戦略』海と月社

○ アル・ライズ『フォーカス!』海と月社

○ E.H.シャイン『企業文化 生き残りの指針』白桃書房(金井壽宏監訳)

○ 佐藤和夫『戦国武将の家訓』新人物往来社

○ 桑田忠親『武士の家訓』講談社

○ 有馬祐政、秋山梧庵『武士道家訓集』博文館新社

○ 吉田豊『武家の家訓』徳間書店

税理士法人エナリ
社員税理士・中小企業診断士

江成 健一
Kenichi Enari

1939（昭和14）年生まれ。明治大学商学部商学科卒業後、税理士、
社会保険労務士、中小企業診断士などさまざまな資格を取得しつ
つ税理士事務所などを開設。その後、2003年4月に税理士法人
エナリを設立し、代表社員に就任。「人は成長する」という信念の
もと、日夜研鑽に励みながら、スタッフ、クライアントの育成
および支援などを精力的に行っている。2007年3月、筑波大学
大学院企業法学修了、法学修士。

200年企業を目指して

2018年7月18日　第1刷発行

著者	江成健一
発行所	ダイヤモンド社
	〒150-8409　東京都渋谷区神宮前6-12-17
	http://www.diamond.co.jp/
	電話　03-5778-7235（編集）　03-5778-7240（販売）
装丁＆本文デザイン	有限会社北路社
制作進行	ダイヤモンド・グラフィック社
印刷／製本	ベクトル印刷
編集担当	梶原一義

©2018　Kenichi Enari
ISBN　978-4-478- 06585-3

落丁・乱丁本はお手数ですが小社営業局あてにお送りください。
送料小社負担にてお取替えいたします。
但し、古書店で購入されたものについてはお取替えできません。
無断転載・複製を禁ず
Printed in Japan